JOYCE MEYER

buena
salud

· · · · · · · · · · · · ·

buena
vida

Faith
Words

NEW YORK   BOSTON   NASHVILLE

FaithWords
Hachette Book Group
1290 Avenue of the Americas
New York, NY 10019
www.faithwords.com

Impreso en los Estados Unidos de América

WOR

Primera edición: Diciembre 2014

10 9 8 7 6 5 4 3 2 1

FaithWords es una división de Hachette
Book Group, Inc. El nombre y el logotipo
de FaithWords es una marca registrada
de Hachette Book Group, Inc.

El Hachette Speakers Bureau ofrece una amplia
gama de autores para eventos y charlas.
Para más información, vaya a
www.hachettespeakersbureau.com
o llame al (866) 376-6591.

International Standard Book
Number: 978-1-4555-5322-8

CONTENIDO

INTRODUCCIÓN

¿Tiene usted alguna idea de lo valioso que es? Usted es tan valioso que Dios entregó a su único Hijo no solo para perdonar sus pecados y para darle vida eterna, sino también para que disfrute de una vida abundante, vida al máximo, mientras esté en esta tierra. Creo que Dios tiene una gran vida preparada para usted. Él quiere que usted disfrute cada día y que le sirva lo mejor que pueda mientras viva. Hacer estas cosas puede resultar muy difícil si no se siente bien, si vive bajo un constante estrés, o si no goza de buena salud. Pero si está fuerte y saludable, entonces sacarle el máximo partido a cada día que Dios le da es mucho más fácil.

La buena salud es vitalmente importante para poder vivir una buena vida. El plan de Dios para nuestra vida conlleva mucho más que simplemente orar y leer la Biblia cada día, ir a la iglesia o hacer trabajo misionero. Él se interesa por cada parte de nosotros y por cada aspecto de nuestras vidas. Él quiere que estemos saludables no solo espiritualmente, sino también físicamente, mentalmente y emocionalmente. Esa es la mejor forma para que podamos disfrutar de nuestras vidas y cumplir todos los propósitos que Dios tiene para nosotros.

Sabemos según 1 Corintios 6:19-20 que nuestro cuerpo es el templo terrenal del Espíritu Santo. En otras palabras, nuestro cuerpo es el instrumento que Dios nos ha dado para experimentar la vida en la tierra y para servir a Dios y bendecir a otras personas. Este alberga nuestro espíritu, el cual es la parte de nuestro ser donde Dios habita. Dios mismo vive en nosotros mediante su Espíritu y hace su hogar en nosotros. Esta es la mejor razón que conozco para que nos cuidemos.

A veces, con el paso de los años, descuidamos nuestra salud o somos negligentes con nuestro cuerpo por varias razones. A menudo, simplemente estamos ocupados y estresados, y pensamos que no tenemos tiempo para cuidarnos. El hecho es que las personas que no creen que tienen tiempo para cuidar de sí mismos cuando su salud es relativamente buena es muy probable que a largo plazo experimenten problemas de salud o falta de energía. Si desarrolla el hábito de cuidar de usted mismo, hacerlo sencillamente se convertirá en parte de su estilo de vida y no le resultará difícil. De hecho, disfrutará invirtiendo en su salud.

También tenemos que ser conscientes de que somos más que solo seres físicos. Somos seres tripartitos: espíritu, alma (mente, voluntad y emociones), y cuerpo, y cada uno necesita el cuidado y mantenimiento apropiados (1 Tesalonicenses 5:23).

Si no cuidamos bien de nuestro cuerpo, nuestra salud espiritual, mental y emocional se resentirá. Si nos preocupamos excesivamente, esto puede tener un impacto negativo sobre nuestro cuerpo. Si tenemos muchos traumas emocionales, esto añade un estrés que nos afecta físicamente. Si no invertimos en nuestra vida espiritual, se debilitará y nada nos funcionará bien. Para estar sanos y saludables, necesitamos ser fuertes en nuestro espíritu, alma y cuerpo.

Yo ahora me cuido muy bien en muchos aspectos, pero no ha sido así siempre. Las lecciones que compartiré con usted en este libro son lecciones que aprendí por experiencia en mi viaje para salir de los malos hábitos y formar otros buenos. Para dejar de ser una persona poco saludable y comenzar a ser una persona fuerte y saludable tuve que aprender acerca de comer sano, hacer ejercicio, descansar adecuadamente, manejar bien el estrés, y muchos otros aspectos de la buena salud y la buena vida.

Quiero animarle: cualquiera que sea su condición hoy, no tiene que quedarse así para siempre. Si quiere mejorar la manera en que se ve y se siente, puede hacerlo leyendo este libro y aplicando sus ideas e información a su vida. Si su "templo" (cuerpo) necesita alguna restauración o renovación, ha escogido una herramienta que puede ayudarle. Todo su ser, espíritu, alma y cuerpo, juega un papel importante en el plan de Dios, y cuanto más sano esté en estas tres áreas, mejor será su vida.

Creo que las 12 claves de este libro abrirán un nuevo nivel de salud y bienestar para usted, capacitándole para hacer todo lo que Dios le ha llamado a hacer y para disfrutar del gran futuro que Él tiene preparado para usted.

CÓMO USAR EL PLAN DE 12
CLAVES PARA LA BUENA SALUD

Quizá haya oído el dicho: "Roma no se construyó en un día". Esa frase simplemente significa que nada significativamente grande ocurre de la noche a la mañana. Las mejores cosas de la vida necesitan tiempo para crecer, desarrollarse y establecerse. Su salud personal es una de esas cosas. Es un proyecto continuado, algo a lo que deberá prestar atención durante el resto de su vida. Pero como cualquier gran proyecto, se comienza con un buen cimiento y se edifica sobre él. De eso trata este libro. Cada uno de los siguientes 12 capítulos, llamados "claves", explica un elemento importante de edificar un estilo de vida que fomente un cuerpo, alma y espíritu saludables y buenos. Su tarea es leer cada clave y decidir si necesita mejorar esa área de su vida. De ser así, el libro le ayudará a descubrir cómo hacerlo.

En cada clave explicaré cuál es el principio importante y por qué es vital para una salud física y espiritual. Después, haré varias sugerencias para incorporar ese cambio a su vida. Al final de cada clave, le pediré que escoja aceptar tantas de esas sugerencias como sienta que necesita y las escriba en el espacio provisto.

Puede que termine haciéndolas todas, o quizá termine haciendo solo una o dos. Lo importante es hacer lo que más necesite. No es necesario que se dé prisa en hacerlas. Vaya de una en una, sin intentar hacerlas todas a la vez, y con el paso del tiempo verá grandes mejoras en su salud y bienestar. Al final de este libro, he incluido un espacio para que usted anote los cambios que se compromete a hacer en cada clave, para que al final del libro tenga una lista de los cambios en su estilo de vida que ha adoptado. Si realmente incorpora esos cambios a su forma de vivir, se sorprenderá de los cambios tan positivos que provocarán en su vida.

Si se pregunta cuánto tiempo tendrá que emplear en cada clave, eso depende totalmente de usted. Lo más importante que debe hacer es poner el empeño suficiente para que cada una quede establecida y se convierta en un hábito nuevo para usted. Ciertamente, tomar una clave nueva cada día sería demasiado rápido, pero tomar una clave nueva cada mes no sería necesariamente ir demasiado lento. Simplemente significaría que pasará el siguiente año comprometiéndose a formar un fundamento firme de salud física y espiritual; además, le daría mucho tiempo para trabajar en cada clave antes de avanzar a la siguiente. Quizá incluso quiera comenzar este proceso leyendo todo el libro rápidamente para tener una idea de qué es a lo que se enfrentará, y luego regresar e ir clave a clave, poniendo en cada una el esfuerzo correcto para usted antes de avanzar a la siguiente. El ritmo al que tendrá que trabajar con este libro depende de lo rápidamente que se adapte al cambio y lo hambriento que esté de desarrollar una forma de vida más saludable. Yo preferiría tomar más tiempo y lograr un éxito duradero en vez de aplicar el libro apresuradamente y no poder sostener los cambios que puede producir en su vida.

Sin duda, usted no tiene que hacer las claves en el orden en que aparecen en el libro, pero sería una buena idea porque cada una construye sobre la que le precede. Las primeras claves (tratan de una buena relación con Dios, una buena autoestima y una sana imagen corporal y un metabolismo fuerte) proporcionan un fundamento sólido para el resto.

Como mencioné antes, recomiendo leer el libro entero antes de regresar y enfocarse en cada clave de una forma diligente y seria. Piense en metas generales que tenga para su futura salud y bienestar, y luego deje que cada clave sirva como un pequeño paso hacia esa visión mayor. Mantenga esas metas a largo plazo a la vista y decida alcanzarlas de una en una.

¿Lo ha entendido? ¡Ahora comencemos! ¡Es el momento de dar su primer paso hacia su nuevo yo!

CLAVE

1

Obtenga la ayuda de Dios

La mayoría queremos vernos bien y sentirnos bien. Queremos tener buena salud y disfrutar nuestra vida. Al menos eso es lo que a mí me ocurre, y estoy segura de que le ocurre a usted también, pero durante años no lo abordé como es debido. Si se acuerda de alguna dieta inventada en los últimos cuarenta años, es muy probable que yo la haya probado. He intentado perder peso con dietas bajas en grasas, dietas bajas en carbohidratos, dietas líquidas, dietas de huevos duros cocidos, y la dieta del pomelo. Algunos de esos planes de alimentación incluso funcionaron, aunque solo al principio. Pero quizá quiera saber lo que ocurre con muchas dietas relámpago: una persona está muy ilusionada al empezar por la promesa del éxito, pero después de un tiempo, incluso aunque pierda peso, la dieta se convierte en un inconveniente, algo aburrido o extremadamente difícil de sostener a largo plazo. Cuando las personas llegan a este punto, a menudo comienzan a dejar la dieta. Solo la infringen un poquito al principio, pero finalmente vuelven a sus viejos y conocidos hábitos alimenticios y vuelven a recuperar el peso perdido. A veces terminan pesando incluso más de lo que pesaban antes de comenzar la dieta, y desearían no haber intentado perder peso en un principio.

Yo me he visto en esa situación muchísimas veces. Quizá usted también. Cuando esto ocurre, sentimos culpabilidad. Pensamos que tenemos la culpa de nuestro fracaso. Si tuviéramos más fuerza de voluntad cuando encontramos una dieta que "funcionaba", razonamos, podríamos seguir haciéndola y perdiendo peso y teniendo mejor aspecto. Nos criticamos por nuestra falta de fuerza de voluntad, pero quizá lo que verdaderamente está ocurriendo es que no entendemos del todo el principio de la fuerza de voluntad. ¿No será que nos estamos dejando algo fuera? ¿No será que hay algo que no estamos considerando, y que deberíamos entender, para que funcionara la fuerza de voluntad? Quizá solo necesitamos conocer la verdad sobre la fuerza de voluntad.

El poder de Dios es mejor que la fuerza de voluntad

La fuerza de voluntad parece algo fantástico. Nos han entrenado para creer que si tenemos la cantidad suficiente, podemos luchar contra cualquier tentación que encontremos. A veces, eso es cierto. Pero permítame contarle un pequeño secreto acerca de la fuerza de voluntad: la fuerza de voluntad es su mejor amiga cuando las cosas van bien, pero cuando usted comienza a cansarse o estresarse, se queda sin ella. La fuerza de voluntad se asoma por la ventana una mañana en la que usted se prometió ir a correr, y dice: "Vaya, está lloviendo, hace cuatro grados centígrados y estoy muy calentito en la cama. Me quedaré en casa a leer hoy".

El problema con la fuerza de voluntad es que está muy relacionada con el razonamiento. Y la razón *siempre* está abierta a "razonar" y hablar las cosas. La razón le dice a la fuerza de voluntad: "Tienes razón. Hace demasiado frío para que vayas a correr hoy. Ya correrás mañana el doble de tiempo". O: "Vamos, cómete el pedazo de tarta que queda. Así puedes meter el plato en el lavavajillas esta noche". ¡Tiene sentido! Pero debemos saber que la razón siempre está dispuesta a dar el primer paso por la pendiente escurridiza que lleva al fracaso.

Yo he descubierto que si realmente no quiero hacer algo, mi mente me da muchas razones para no hacerlo. Incluso a veces mis emociones se unen, diciendo: "Realmente no te apetece hacer eso hoy". A nuestra alma (recuerde, el alma está compuesta por mente, voluntad y emociones) le encantaría dirigir nuestra vida, pero la Biblia dice que debemos ser guiados por el Espíritu de Dios, no por el alma humana. En otras palabras, no debemos ser guiados por la fuerza de voluntad; debemos ser guiados por el Espíritu. Dios dice en Zacarías 4:6: "No con ejército, ni con fuerza, sino con mi Espíritu". Esto significa que podemos tener mucha fuerza de voluntad y disciplina, pero solamente eso no siempre es suficiente. Hacer las cosas por el Espíritu de Dios y confiar en su poder es la única manera de encontrar el verdadero éxito. La fuerza de voluntad y la determinación quizá nos sirvan para iniciarnos en el buen camino hacia algún objetivo digno, pero tienen fama de abandonar a mitad de camino. El Espíritu de Dios nunca abandona a la mitad; Él siempre nos lleva durante todo el camino hasta la línea de meta hacia la victoria que quiere que disfrutemos. Desde ya mismo use la disciplina, el dominio propio y la fuerza de voluntad, pero primero y sobre todo, dependa del poder de Dios para darle energía en todas esas áreas.

Algunas personas afirman ser "artífices de su éxito", pero si estudiamos sus vidas y les seguimos hasta el final, vemos que estas personas a menudo terminan desmoronándose. Eso sucede porque intentaron hacerlo todo por sí mismos. Dios no nos ha creado para funcionar bien sin Él. De hecho, Jesús dice en Juan 15:5: "porque separados de mí nada podéis hacer". Cuanto antes aprendamos esta lección e invitemos a Dios a hacer el pesado levantamiento de pesas en nuestra vida, mejor estaremos.

Romper ataduras

Ya sea que la debilidad de una persona sea comer en exceso, algún tipo de adicción a sustancias, o simplemente un patrón de mal mantenimiento personal, esta persona está atada y no puede llevar la vida que Dios quiere hasta que esas cosas se rompan y sean tratadas. Dios tiene un plan asombroso para todos nosotros, pero es necesario que entendamos y ejerzamos el asombroso poder que tenemos como hijos suyos. En Él, todos podemos ser liberados de antiguos hábitos destructivos y comenzar a vivir la nueva y emocionante vida de libertad que Dios tiene para nosotros, pero necesitamos su ayuda.

La libertad es nuestro deseo natural. Es también la condición que Dios quiere y ha provisto para nosotros, pero si hemos caído en ataduras con el tiempo, pensar en la libertad puede dar miedo. Quizá prefiramos la comodidad y tranquilidad de nuestros lazos conocidos antes que hacer el esfuerzo necesario para desarrollar los pensamientos y las conductas que requiere la libertad. Esto es triste, pero algunas personas realmente prefieren soportar malas dietas, poca energía, una salud débil, descuidarse a sí mismos y el agotamiento antes que hacer lo necesario para probar la libertad y desarrollar un estilo de vida de libertad. Esto se debe a que estas personas ven el cambio como algo extremadamente difícil y desafiante.

Yo he descubierto que lo único que da más miedo

que el cambio es pensar que nunca llegará el cambio. El cambio genuino y permanente acerca de por qué no estamos cuidando de nosotros puede requerir alguna búsqueda interior profunda, y no todo el mundo está dispuesto a hacer eso. Solo la verdad nos hace libres (Juan 8:32), pero la verdad no siempre es fácil de afrontar. De hecho, afrontar la verdad sobre nosotros mismos y sobre nuestros hábitos es una de las cosas más valientes que podemos hacer, y es la clave para ser libre para vivir una vida mejor. Esto es lo que Dios quiere para nosotros, y Él nos ayudará de muchas formas.

Deje que Dios lleve la carga

A veces el viaje hacia una buena salud a largo plazo puede parecer insoportable. Cuando está desanimado con la condición de su vida o la forma física en la que se encuentra, el primer paso hacia la mejora parece el más difícil del mundo. Una dieta intensiva a corto plazo puede parecer más fácil que un estilo de vida de avance firme hacia una buena salud, pero no nos dará libertad. El alivio temporal nunca se iguala a la verdadera libertad. ¡Dios quiere que usted sea libre!

La búsqueda interior, afrontar la verdad, y hacer los cambios necesarios sin duda será insoportable si intenta llevarlo usted solo. Los lazos de los viejos hábitos son demasiado fuertes y las fuerzas contrarias que soporta son demasiado formidables. Solo Dios es lo suficientemente fuerte como para lograr lo que hay que hacer en su vida. Si está dispuesto a entregarle las cosas a Él, la fuente de fortaleza divina, encontrará el poder que necesita para ser libre. Si se acerca al ilimitado poder del Espíritu Santo, en vez de confiar en sus propias capacidades limitadas, Él siempre le llevará de victoria en victoria y en libertad.

Al comenzar su viaje hacia una salud cada vez mejor, espero que memorice este versículo y extraiga de él fortaleza: "Pero los que esperan a Jehová tendrán nuevas fuerzas; levantarán alas como las águilas; correrán, y no se cansarán; caminarán, y no se fatigarán" (Isaías 40:31). Dios está listo y deseoso de ayudarle a ser una persona más sana y más fuerte. ¡Deje que Él levante el peso por usted!

Cinco formas de dejar que Dios le ayude

1. Pida

Se sorprenderá de la diferencia tan enorme que existe al invitar directamente a Dios a su vida para ayudarle a resolver sus problemas. Tome tiempo para acallar su mente y ábrala ante Él. Luego pídale que sea su compañero de viaje hacia su restauración personal y salud integral. Pídale específicamente que le ayude a tomar decisiones sabias y que le dé la disciplina que necesita para tener buena salud y una buena vida, para el resto de su vida.

2. Asista a la iglesia

Estudios revelan que las personas de fe, personas que participan en la iglesia, y personas que oran y estudian la Biblia viven más y son por lo general personas más sanas que las personas que no van a la iglesia ni viven vidas de fe. Algunas personas se las arreglan para mantener una buena relación con Dios durante muchos años sin mucho apoyo de otros, pero son pocas y muy separadas entre sí. La mayoría descubrimos que una dosis semanal de enseñanza y comunidad cristiana con otros creyentes aporta un vínculo con Dios mucho más fuerte que el que podríamos mantener nosotros solos. Si le cuesta entrar en contacto con Dios o crecer espiritualmente y no ha probado asistir a la iglesia, ¿a qué espera? ¡Podría mejorar su vida drásticamente!

3. Participe en un grupo de apoyo

Los grupos de apoyo existen para diversos problemas, desde la adicción al alcohol o las drogas, el luto o el comer en exceso. Pueden ayudarle a reconocer que realmente no puede romper su atadura por usted mismo y animarle a entregar su restauración a Dios. Muchas personas pueden progresar mejor y estar más comprometidas con sus

metas de salud y bienestar si tienen el apoyo de
otras personas que están pasando por el mismo
proceso. Si es usted una persona que rinde mejor
cuando hay otras personas que le acompañan en
su viaje, pruebe a buscar un grupo de apoyo y
luego maximice los beneficios del mismo. Si estar
en un grupo no es algo que desee, entonces quizá
puede encontrar una persona a la que dar cuentas,
alguien con quien pueda hablar de su necesidad y
pedirle que ore por usted.

4. Comience cada día con una afirmación

Cuando se despierta por la mañana, antes de que
comience al ajetreo del día, dedique un momento
a renovar su compromiso con Dios y a refrescarse
con recordatorios de la verdad de su Palabra. Esto
le dará la paz mental y emocional que es el fundamento del éxito. También puede escribir y declarar
una afirmación que trate sus necesidades concretas,
o puede usar esta que yo escribí:

"Dios, soy libre por el poder de tu Palabra.
Creo que me has dado la fuerza para ser libre de
los lazos que me han estado impidiendo alcanzar
todas las cosas buenas que tú has planeado para
mí. Te doy gracias porque soy libre por la sangre
de Jesús y el sacrificio que Él hizo en la cruz del
Calvario. Gracias por hacerme libre mediante la
verdad de tu Palabra y por capacitarme con tu

fortaleza y sabiduría. Ayúdame a ser todo lo que tú quieres que sea. En el nombre de Jesús, amén".

5. Trate sus dudas y luchas mediante la oración

No importa quién sea usted, tendrá momentos en que su decisión se debilite, cuando se vea tentado a no hacer lo que se ha comprometido a hacer como una clave para una salud de por vida. Cuando se sienta así, no se rinda, pero no se esfuerce intentando hacerlo usted mismo tampoco. En su lugar, reconozca su lucha, dé un paso atrás, y dedique un momento a pedirle a Dios que le ayude a hacer lo que tiene que hacer. Deje que Él renueve su fuerza en ese momento de paz, y después avance con una nueva pasión y confianza.

Actúe

¿Cuál de las cinco acciones en esta clave adoptará para caminar más cerca de Dios y dejar que Él le ayude en su viaje hacia una salud cada vez mejor? Escríbalo debajo, comprométase a hacerlo, y comience hoy.

_____

_____

_____

_____

CLAVE
2

Aprenda a amar su cuerpo

¿Qué tal si, a cada lugar que fuera, se encontrara con alguien que no le cae bien? ¿No sería eso terrible? *Oh, no*, pensaría usted, *es ella otra vez*. Si fuera a una fiesta, tendría que aguantar su conversación. Si fuera a la iglesia, se sentaría a su lado. No disfrutaría nunca de ir a ningún lado porque a cada lugar que fuera, ella estaría allí. Pero incluso peor. ¿Qué ocurriría si ella se fuera a casa con usted? ¿Qué ocurriría si se sentara con usted a la mesa en cada comida e incluso apareciera en su cuarto?

La situación que he descrito parece inverosímil, pero es la situación en que usted se encuentra si no se gusta a sí mismo, porque usted está en cada lugar donde va. No puede separarse de usted mismo, ni por un segundo. Las personas que temen su propia compañía están preparada para una vida triste.

Los problemas que podrían surgir por no gustarse a usted mismo pueden parecer obvios, pero lo crea o no, he descubierto que muchas personas no se gustan a sí mismas. Quizá ni siquiera sean conscientes de ello, pero un poco de examen genuino del alma revela el hecho de que tienen el hábito de rechazarse a ellos mismos y en algunos casos incluso de odiarse. Me he encontrado con muchas personas durante los años en mi ministerio y en mi vida diaria, y me asombro de los pocos que verdaderamente están en paz consigo mismos. En lugar de eso, se han declarado la guerra a sí mismos, con frecuencia por cómo se sienten con sus cuerpos.

Por qué la gente menosprecia o rechaza su cuerpo

¿Cómo podemos tantos de nosotros odiar nuestro cuerpo, nuestro fiel siervo que existe para ayudarnos a convertirnos en todo lo que Dios quiere que seamos mientras estemos aquí en la tierra? Se me ocurren varias razones.

1. Abuso durante la infancia

Todos nacemos con actitudes buenas hacia nuestro cuerpo. Los niños pequeños disfrutan instintivamente de su cuerpo; lo cuidan y lo protegen. Nunca piensan en el aspecto de su cuerpo hasta que son más mayores. Pero este entendimiento natural de la bondad de su cuerpo cambia cuando alguien les maltrata, abusa de ellos o les envía mensajes negativos sobre su aspecto. Lo sé por experiencia propia. El abuso físico y emocional que sufrí de niña me dijo alto y claro que mi cuerpo era malo y que yo no tenía dignidad.

Sé por experiencia propia que cuando el dolor y el malestar son las únicas experiencias físicas que tienen las personas, aprenden a odiar su cuerpo como la fuente de esos sentimientos. A veces incluso quieren castigar su cuerpo por las cosas malas que "ellos" les hicieron. Incluso cuando estas personas se hacen adultas, su falta de respeto y disgusto por su cuerpo permanecen, aun si cesa el abuso. Y cuando las personas no viven en armonía con su cuerpo, se desarrollan todo tipo de situaciones malas. No hacen ejercicio ni comen de forma saludable porque no quieren cuidar o tratar bien algo que les ha causado tanto dolor y trauma.

El abuso no tiene que ser físico o sexual para causar problemas. Las figuras de autoridad o incluso compañeros son perfectamente capaces de mandar mensajes de que somos malos o inútiles y que nuestro cuerpo es feo y malo. Si usted ha recibido abuso, como me ocurrió a mí, por favor sepa que hasta que no confronte sus sentimientos y encuentre paz, estará constantemente en guerra con usted mismo y experimentará el estrés, trauma y agotamiento que produce la guerra. Dios quiere que usted esté saludable y en paz, y yo también.

Las personas que tienen raíces de vergüenza por quiénes son se envenenarán desde dentro hacia fuera. Esas raíces envenenadas se deben reemplazar por el amor incondicional y la aceptación de Dios. Debemos aprender a amarnos, incluido nuestro cuerpo, de formas equilibradas y aceptar lo que somos en este momento de la vida. Yo creo que si nos amamos y respetamos nuestro cuerpo más, este nos servirá mejor.

2. Mala interpretación de las enseñanzas de la Biblia

La Biblia nos dice que resistamos la carne y nos sometamos al espíritu, pero eso no significa que tengamos que odiar nuestro cuerpo carnal. La carne es débil y el espíritu es fuerte, así que necesitamos usar la fuerza del espíritu para guiar con amor a la carne.

El cuerpo humano es el templo del Espíritu Santo. Las personas que me rodean no pueden ver mi espíritu. Lo único que pueden ver es mi cuerpo, así que si quiero extender el amor de Dios, ¡tengo que usar mi cuerpo para hacerlo! Mis manos tienen que ser las manos de Jesús; mis pies, sus pies; y mi boca, su boca.

Romanos 12:1 nos enseña a ofrecer todas nuestras facultades como un sacrificio vivo para que Dios las use. Aprenda a amar su cuerpo como una manera de darle gloria a Dios.

3. Mensajes de los medios

Los medios de comunicación usan todo tipo de trucos para que la gente parezca "perfecta". La iluminación, la edición fotográfica y los retoques pueden obrar maravillas en una estrella de cine o en una modelo en la portada de una revista, pero ¿quién tiene acceso a esas cosas en el mundo real? ¡Nadie que conozca puede adelgazar sus muslos con el cursor de una computadora antes de salir de casa cada día!

No creo que los medios estén intentando hacernos sentir poco atractivos o mal con nosotros mismos. Creo que simplemente saben que la gente se siente atraída a la belleza, así que intentan vendernos sus productos mostrándonos toda la belleza posible, aunque sea alterada o falsa.

Lo que realmente nos hace sentir inferiores a los modelos y las estrellas de cine es nuestro ego, la parte de nuestra psique que encuentra sentido descubriendo cómo compararnos con otras personas. El problema con el ego es que siempre hay alguien más guapo, más inteligente o más rico que nosotros. El ego puede encontrar siempre algo por lo que sentirse mal; nunca está satisfecho y continuamente nos empuja a competir con otros.

Yo dejé de competir hace mucho tiempo. Estoy

en paz con mi cuerpo. Me encanta y lo apoyo, y
él me apoya a mí. No siento la necesidad de pare-
cerme a ninguna modelo. Simplemente espero que
mi cuerpo refleje lo que soy: una mujer feliz y saludable que quiere servir a Dios de cualquier forma
que pueda. Intento verme lo mejor que pueda,
pero no me permito presionarme con expectativas
irreales que crean los medios, y espero que usted
tampoco lo haga.

4. La industria de la belleza

Para las personas que no se gustan, la industria de la belleza puede ser incluso más peligrosa que los medios de comunicación. Los
medios pueden hacernos sentir mal con nosotros mismos mostrándonos a personas extraor-
dinariamente bellas, pero la industria de la
belleza intenta hacernos sentir que nunca tendremos el aspecto que "deberíamos" tener sin
sus productos. La verdad es que ya somos bellos
a los ojos de Dios y si nos aceptamos y seguimos
sus principios, tendremos belleza interior y tendremos un aspecto cada vez mejor también por
fuera.

Dios le ama. Él quiere que usted reciba su
amor y se acepte a sí mismo. Le animo a recibir
su amor hoy y a comenzar a cuidarse porque es
consciente de lo mucho que Él cuida de usted y
lo valioso que es usted para Él. Cuando tiene una

buena relación con Dios y conoce su valor, no se desesperará por tener la última crema para la piel, el producto de maquillaje o un programa de embellecimiento.

5. La edad y la enfermedad

Puede crecer en un entorno de amor y apoyo, estar cómodo con su aspecto y ser inmune a los encantos de los medios y la industria de la belleza, pero a la vez desencantarse con su cuerpo con la edad. A medida que pasan los años, su nivel de actividad disminuye, su metabolismo se ralentiza, quizá aumente unos cuantos kilos, sus articulaciones quizá no le parezcan tan ágiles como lo eran, y de repente todos a su alrededor parecen más delgados, más rápidos y más jóvenes que usted. Si ha experimentado ciertas enfermedades, puede que también le debiliten de algún modo o le hagan frustrarse con su cuerpo.

Sea cual sea su situación, conténtese. Como dice la frase: "Esto es lo que hay", así que sáquele el mejor partido. Haga lo que pueda hacer, y no se amargue ni se frustre por lo que no puede hacer. Aunque su capacidad de hacer ejercicio esté limitada, sea diligente en hacer todo lo que aún pueda hacer. Recientemente tuve una fractura por sobrecarga en uno de mis dedos del pie, y aunque no podía hacer algunos de los ejercicios que normalmente hago, seguí haciendo lo que sí podía hacer.

Otra vez tuve un hombro lesionado que tardó varios meses en curarse, pero seguí haciendo los ejercicios que podía mientras tenía cuidado de no volver a lesionar más el hombro.

A lo largo de su vida, continúe comiendo bien, bebiendo mucha agua y durmiendo bien. Por encima de todo, a pesar de su edad o condición médica, mantenga una actitud positiva porque eso tendrá una influencia positiva en su salud.

Cinco formas de nutrir el amor propio

1. No persiga su juventud

Aunque tengo ya setenta años me siento realmente bien, lo cual demuestra que las cosas como la energía, la salud y la felicidad no tienen que disminuir según nos hacemos mayores. Pero parte de mi salud viene por el contentamiento de sentirme bien con quien soy. He tenido éxito en ser yo misma. No anhelo regresar a mis veinte años, en parte porque no me gustaron mis veinte, y en parte porque no cambiaría nada que lo hiciera. Aquí estoy ahora, ¡y he decidido vivir hoy!

Las personas que anhelan su juventud nunca están contentas, porque cada día se alejan un poco más de esa juventud. Envejecer es un hecho de la vida y tenemos que aprender a hacerlo con dignidad mientras nos seguimos manteniendo jóvenes de corazón. El descontento es uno de los mayores gigantes que debemos vencer si queremos disfrutar la vida plenamente. No estar satisfecho con nuestro aspecto, edad, posición en la vida, posesiones o cualquier otra cosa, nos hace no estar agradecidos con lo que actualmente tenemos. Quizá no tengamos todo lo que queremos, pero ciertamente tenemos más que otras personas.

Le animo a aceptar el envejecimiento con una actitud saludable. No menosprecie el proceso de envejecimiento, porque si está vivo no puede evitarlo. Anímese y saque el mejor partido a las cosas. Ámese y ame su vida; ¡es la única que tiene!

2. Aprenda a recibir el amor de Dios

El mayor regalo que jamás se pueda dar se nos ofrece cada día a cada uno de nosotros, y no obstante pocos tenemos la fe y la autoestima necesarias para aceptarlo verdaderamente y recibirlo. Dios nos ofrece su amor. Lo único que tenemos que hacer es abrir nuestro corazón y tomar la decisión de recibirlo. Recibir el amor de Dios es un paso importante porque no podemos amar a otros si no hemos aceptado su amor por nosotros. No podemos dar lo que no tenemos.

Recibir es una acción. Conlleva una decisión consciente de estirarnos y agarrar algo. Piense en un receptor abierto en un partido de fútbol estadounidense. No se llama un "blanco abierto".

No solo está de pie en un lugar y espera a que el defensa ponga el balón en sus manos. No, él quiere ese balón y va en su busca de forma agresiva.

Así es como debemos pensar a la hora de recibir el amor de Dios. Necesitamos estar hambrientos de él y ser apasionados al respecto. Le animo a perseguirlo, estudiarlo y meditar en él. A medida que usted lo busque fervientemente, recibirá una revelación transformadora del profundo amor de Dios en su corazón.

3. Enfóquese en el viaje, no en el destino

Recuerdo de niña sentir que se me hacían eternos los viajes en automóvil con mi familia a cualquier lugar. ¡Estaba tan emocionada con nuestro destino que las horas de viaje eran una tortura! De adulta, pasé muchos años miserables sin disfrutar nunca de donde estaba porque estaba demasiado enfocada en dónde quería ir. Finalmente aprendí que la vida se trata del viaje, no del destino, y el viaje se ha vuelto mucho más divertido.

En su viaje personal hacia la buena salud y una buena vida, espero que usted también disfrute del viaje. Lo que más importa no es dónde se encuentra ahora mismo o lo lejos que esté su destino, sino la dirección hacia la que va. No se desanime nunca por no haber alcanzado su destino. Anímese de estar dirigiéndose en la dirección correcta. En cuanto a su salud respecta, lo importante no es lo que pesa hoy, lo flexibles que estén sus articulaciones o lo mucho que pueda correr, sino que está mejorando. Mantenga una actitud positiva con su progreso, y eso reproducirá más progreso.

Jesús dice: "Así que, no os afanéis por el día de mañana, porque el día de mañana traerá su afán. Basta a cada día su propio mal" (Mateo 6:34). En otras palabras, enfóquese en el presente. Esté orgulloso de lo que puede hacer hoy. No vaya más allá de eso. En vez de mirar lo lejos que tiene que ir, mire lo lejos que ha llegado. Llene cada día de comunión con Dios, buenas decisiones, comida saludable, mucha actividad y pensamientos positivos. Entonces su cuerpo y su alma serán saludables, en forma y virtuosos. Cuando aprenda a disfrutar del viaje, descubrirá lo fácil que es amar y afirmarse.

4. Enfóquese en la salud, no en los kilos

En los Estados Unidos parece que estamos obsesionados con el peso, pero la verdad es que el estar en forma físicamente debería ser mucho más importante para nosotros que los kilos. Tenemos que ser más conscientes de la salud que del peso. Creo firmemente que si nos concentramos en una buena salud, pesaremos lo que debemos pesar.

Vivimos en una época en que "lo bueno es la

delgadez", y nuestras actitudes respecto a la grasa se aproximan a la histeria. Pierda peso si cree que lo necesita, pero no deje que nadie le diga que su peso no es saludable ni natural si no lo es. Y por supuesto, no deje que unos pocos kilos le impidan amarse y aceptarse o perseguir una buena salud general. Aprender a centrarse más en su salud y menos en su peso podría ser una nueva forma de pensamiento para usted, pero creo que es vital para su salud. Creo firmemente que si se enfoca en comer bien y estar saludable, finalmente pesará lo que sea adecuado para usted.

5. Vea su cuerpo como su amigo

Si su cuerpo es más grande de lo que le gustaría, con dolores y achaques que le afectan, no lo trate como un enemigo. Si lo hace, quizá nunca vea progreso en las áreas que le gustaría mejorar. Si tuviera un amigo que estuviera enfermo o en necesidad, usted haría todo lo posible por ayudar a esa persona. Esa es exactamente la actitud que debería tener hacia su cuerpo. Si no es lo que quiere que sea, haga todo lo posible por ayudarlo; no lo menosprecie ni lo rechace.

Culpamos a nuestros cuerpos por muchas cosas de las que no son responsables. A fin de cuentas, nuestro cuerpo es el producto de lo que hemos puesto en ellos y las maneras en que lo hemos tratado durante años y años. Yo no culparía a mi automóvil por estropearse si le pongo pegamento en el depósito en vez de gasolina. Cualquier problema que tengamos, el fallo es nuestro, no de nuestro cuerpo. Quizá hayamos tomado malas decisiones, pero la buena noticia es que podemos comenzar a revertirlas.

Acepte su cuerpo hoy como su amigo y compañero de por vida. Empiece a cuidarlo como si cuidara de su mejor amigo y desarrolle una gran relación con él, una que le mantenga fuerte y saludable en los años venideros.

Actúe

¿Cuál de las cinco acciones en esta clave adoptará para poder aprender a amar su cuerpo y cuidar mejor de él mientras avanza hacia una salud mejor? Escríbalo debajo, comprométase a hacerlo y comience hoy.

_____

_____

_____

_____

_____

_____

CLAVE

3

Domine su metabolismo

¿Alguna vez ha deseado poder poseer una obra de arte, como un cuadro original de van Gogh o un Monet? Quizá piense que nunca se podría permitir tal obra maestra, pero la verdad es que usted nació con una. El cuerpo humano es la obra maestra de Dios. Parte de lo que lo hace tan especial es su increíble versatilidad. Usted fue creado para sobrevivir a todo tipo de situaciones, razón por la cual su cuerpo es tan adaptable. Si se expone mucho tiempo al sol, su cuerpo automáticamente produce una pigmentación extra en su piel para protegerlo. Si usa sus músculos cada día, su cuerpo comienza a hacer que esos músculos crezcan para que le ayuden. ¡Qué sistema!

Una forma en que el cuerpo se adapta constantemente es a través de su metabolismo. Oímos y usamos este término a menudo. Por ejemplo, si vemos a una mujer que está delgada y tiene mucha energía, o a un hombre que come grandes cantidades de comida pero nunca sube de peso, decimos que esa persona tiene un metabolismo alto. Las personas que tienen menos energía y suben de peso fácilmente a menudo dicen que tienen un metabolismo lento. Pero ¿qué queremos decir realmente con *metabolismo*? Y ¿qué influencia tiene sobre nuestro peso, contorno de cintura o nuestros niveles de energía?

Las facultades para su cuerpo

El metabolismo es simplemente el proceso mediante el cual su cuerpo despedaza, o metaboliza, su comida y la convierte en energía. Toda su energía procede de los alimentos que ingiere (a pesar de lo que ciertas pastillas o suplementos puedan afirmar); es como la gasolina para su cuerpo. Usted literalmente quema esa comida, la cual nutre su cuerpo y su cerebro del mismo modo que un automóvil quema gasolina para propulsar su movimiento.

Cuando su metabolismo se siente perezoso, significa que está avanzando como un auto que no pasa de la primera marcha. No está quemando mucha comida, lo cual significa que no tiene mucha energía. Se siente cansado y con falta de inspiración, aletargado y más lento que las personas que le rodean. Esa no es una buena situación para su cuerpo ni para su cerebro.

Si su cuerpo no está usando mucha energía pero usted sigue llenando su "tanque" con tanta comida como de costumbre, pronto estará en problemas. Piénselo de esta forma: si pone más gasolina en su automóvil de la que puede usar, el líquido extra se sale por la parte superior del tanque y escurre por el lado de su auto, desperdiciado. Pero su cuerpo es más sofisticado que su auto. Tiene un sistema increíblemente flexible para almacenar el exceso. Almacenará tanto como usted le dé. Millones de células especiales y flexibles a lo largo de su cuerpo se llenan con el combustible extra, guardándolo para después. Se llaman células adiposas.

El cuerpo tiene otro truco de supervivencia. No solo almacena energía para el futuro en forma de grasa, sino que también intenta tener cuidado con el ritmo al que usa esos recursos de grasa. Quizá usted dirija su casa de una manera similar. Si consigue un ascenso en el trabajo y aumentan sus ingresos, usted afloja un poco las trabillas de su monedero. Quizá redecora, construye una ampliación, hace una piscina o empieza a tener mejores vacaciones. Por otro lado, si pierde su trabajo o tiene una reducción de sueldo, inmediatamente recorta los gastos para intentar vivir el mayor tiempo posible con sus ahorros. Se contiene de hacer nuevas compras, baja la calefacción durante el invierno, y viaja menos.

Su cuerpo funciona igual. Si no recibe mucha comida (o agua), supone que son malos tiempos y hace lo que puede para ayudarle a superarlos. Dice: "Vaya, frenemos un poco hasta que llegue algo de comida buena". Figuradamente hablando, apaga las luces, baja la calefacción, e intenta viajar lo menos posible. En otras palabras, ralentiza su metabolismo. Y usted sabe cómo se siente en esos momentos. No quiere moverse. Su cerebro está atontado. Siente frío. No hace mucho de nada. Se siente cansado. Y está quemando muy pocas calorías, lo cual no le ayudará nada si está intentando perder peso.

Por qué las dietas producen un efecto indeseado

Espero que esté comenzando a ver que las dietas insanas destrozan el metabolismo. Cualquier dieta que intente conseguir perder peso recortando drásticamente el número de calorías que usted come está destinada al fracaso porque está basada en un mal entendimiento de cómo funciona el cuerpo humano. Parece algo lógico: comer menos, quemar más, perder peso. Y sí, ese es el camino hacia perder peso. La única manera de perder peso es quemar más calorías al día de las que consume. Cuando eso ocurre, el cuerpo liquida sus reservas de grasa y las quema para conseguir las calorías extra. ¡Usted literalmente derrite esa grasa de su cuerpo!

Pero como acabo de explicar, el instinto natural de su cuerpo no es seguir reavivando su metabolismo una vez que su ingesta de comida entra. No mucho después de comenzar a hacer su dieta, el cuerpo ralentizará su metabolismo para emparejarlo con la nueva cantidad de comida que recibe. Esto explica el clásico dilema de las dietas: usted se pone a dieta y tiene un gran éxito las primeras semanas. Los kilos desaparecen y usted piensa que ya lo ha conseguido. Pero después, aunque siga haciendo la dieta, aunque es difícil, de repente la pérdida de peso se detiene. Pierde un kilo una semana, después medio kilo la semana siguiente, y después no pierde.

Cuando le ocurre esto, también se siente perezoso y deprimido, y se muere por comida "de verdad". Enseguida comienza a probar alimentos prohibidos y a saltarse un poquito la dieta. ¡Y entonces el peso regresa con venganza!

Esto ocurre porque su cuerpo está feliz de añadir medio kilo extra de grasa pero es reticente a perderlo. Los kilos vienen más fácilmente de lo que se van. Cuando su metabolismo es lento y usted no está haciendo mucho, tiende a perder músculo. Cuanto más trabaja un músculo, más crece, y cuanto menos lo use, más se atrofia. El músculo se ve bien; está firme y flexiona cuando se mueve, a diferencia de la grasa, que no tiene forma y simplemente se menea. Más importante aún, el músculo quema calorías todo el tiempo, manteniéndose así listo para la acción. Cuanto más músculo tenga, más calorías quema, incluso cuando esté dormido.

Esto se llama su *metabolismo basal*, y es diferente en cada persona.

Finalmente, si sigue comiendo alimentos saludables de manera regular, su cuerpo agarra el ritmo y comienza a aumentar su metabolismo. La mayoría de los expertos de la salud recomiendan comer seis pequeñas comidas al día o formar el hábito de comer algo cada dos horas y media o tres. Las seis comidas deberían ser tres comidas y tres meriendas. Lo crea o no, eso mantiene a su metabolismo trabajando y su cuerpo comienza a quemar calorías a un ritmo más rápido. Recuerde que las comidas tienen que ser a base de alimentos sanos. Muchas verduras y buena proteína así como grasas saludables pueden ser una buena directriz. La fruta también es buena, pero tienda más a las verduras que a la fruta.

Hacer dieta en exceso y no consumir el combustible necesario podría hacerle perder grasa, pero también le hace perder músculo. Podría incluso pesar lo mismo que antes de hacer ejercicio porque el músculo pesa más que la grasa, pero se verá peor, porque ha reemplazado músculo firme por grasa, y quemará menos calorías al día porque tiene menos músculo y un metabolismo basal más bajo. Así que le resultará incluso más difícil que nunca mantener su peso. Por todas estas razones, hacer dieta no es la forma para alcanzar o mantener un peso saludable.

La buena noticia es que puede hacer muchas

cosas para arreglar esta situación. La clave es comer una dieta normal y equilibrada y hacer actividades que mantengan su metabolismo funcionando de una forma activa. Haga esto, y gradualmente expulsará los kilos extra hasta que llegue a un peso saludable. Recuerde: la meta no es solo estar delgado, sino estar saludable y pesar lo que es adecuado para usted. Cuando perdemos peso adecuadamente tardaremos más en subirlo, pero el peso es más probable que no regrese que cuando lo perdemos rápidamente con algún tipo de dieta poco sana o relámpago.

Cinco maneras de aumentar el metabolismo

1. Ejercicio

La forma más popular y eficaz de quemar calorías es moverse. Su cuerpo asume que si se mueve rápido cada día, tiene una buena razón; debe de ser clave para su supervivencia. Así que aumenta su metabolismo, forma más músculo y le da las enzimas que necesita para quemar calorías con más facilidad. Cuanto más regularmente se ejercite, más alto mantiene su metabolismo y más fácilmente se derretirán esos kilos. Un beneficio secundario de esto es que usted estará aleta y feliz más tiempo.

2. Desayunar (y comer y cenar)

La mayoría hemos oído que el desayuno es la comida más importante del día, y es cierto. Piense en ello: ha estado sin comer durante horas mientras dormía. Su metabolismo frena naturalmente durante la noche, así que el desayuno es la señal de su cuerpo para arrancar. Un buen desayuno hace que toda su maquinaria física vuelva a trabajar: su digestión, actividad mental, sentidos, músculos y otros sistemas. Como un buen desayuno le hace estar mucho más activo, puede en verdad ayudarle a perder peso. Algunas personas se saltan el desayuno porque creen que eso significa que están comiendo menos y por tanto perderán peso. Pero no desayunar le sitúa en un estado de letargo; se arrastra por la mañana, sin conseguir hacer gran cosa, incluyendo quemar calorías.

Si es una persona a quien no le gusta la idea de comer por las mañanas o no disfruta de los alimentos tradicionales del desayuno, tiene que darse cuenta de que el desayuno no tiene que ser una gran comida; incluso un poco de algo le ayudará a que su metabolismo funcione. Pero no puede ser "cualquier cosa". Por ejemplo, comer cereales azucarados es peor que no comer nada. Comer grandes cantidades de azúcar o almidón es un golpe para su sistema, provocándole somnolencia y llevándole a numerosas enfermedades. Asegúrese de tener algo de proteína en el desayuno; intente combinar eso con un poco de grasa (lo cual le mantiene lleno más tiempo) y con fruta o verdura para las vitaminas y la fibra. Aquí tiene algunas buenas opciones para desayunar:

- Huevos de cualquier tipo
- Yogur, frutas y frutos secos
- Crema de cacahuate y tostadas integrales
- Carne magra (no beicon grasiento o salchichas)
- Tortitas, wafles o madalenas integrales
- Cereales integrales con fruta
- Tostadas integrales con queso

Igual que pasar por alto el desayuno no es bueno para su salud, saltarse el almuerzo o la cena tampoco es una buena idea. La mayoría de los cuerpos funcionan mejor cuando tienen cantidades regulares de comida durante el día. Generalmente hablando, no quemamos muchas calorías después de cenar, así que una gran cena hace poco más que convertirse en grasa. Intente comer un desayuno sustancial y hacer que la cena sea la más ligera de las tres comidas del día, y verá cómo eso mejora su peso y su cintura.

3. Beber agua

Trataré la importancia del agua en la Clave 6, pero como es tan importante para su metabolismo, quiero hacer algunas observaciones básicas sobre ello aquí. El agua es la responsable de llevar los nutrientes de su comida hasta sus músculos y su cerebro a través de la sangre, la cual está compuesta principalmente de agua. Su cuerpo usa agua para hacer casi todo: llevar los nutrientes a sus células, enfriarse cuando tenga calor, deshacerse de los desperdicios y hacer circular las células inmunes por su cuerpo. Sin suficiente agua, todos estos sistemas comienzan a sufrir, y también su metabolismo. Cuando comienza a deshidratarse, se vuelve flojo porque el agua no está ahí para transferir el combustible a sus músculos y su cerebro. Si quiere mantener su metabolismo a un alto nivel, darle a su cuerpo agua suficiente cada día es esencial.

4. Dormir bien

Algunas personas ven el dormir solo como "tiempo tumbado", pero es mucho más que eso. Su mente consciente quizá esté desconectada, pero muchas otras partes de su cuerpo están trabajando duro desarrollando tareas de mantenimiento vitales. Mientras usted duerme, su cerebro descarga el estrés del día, su cuerpo repara los daños y su sangre reabastece a sus músculos del combustible para el día siguiente. Sáltese esta parte vital de un ciclo de veinticuatro horas y estará arrastras todo el día con muy poca energía, un metabolismo rebajado y un pobre desempeño en todo, desde los exámenes hasta los informes del trabajo y hasta el tiempo de reacción. Además, la falta de sueño le hará ser más impaciente y tener peor humor.

Las personas tienden a comer más cuando están faltas de sueño porque se sienten con más frío y menos energía, y confunden esos sentimientos con el hambre. Tenga una buena noche de sueño y comerá mejor, quemará más calorías en general, y tendrá una mejor actitud y disposición.

5. No estar quieto

Las investigaciones en la clínica Mayo revelaron que una gran diferencia entre las personas con sobrepeso y las personas delgadas podría ser lo mucho que se mueven. En otras palabras, no es solo un ejercicio planificado, como abdominales en el gimnasio o caminatas por el parque, sino cientos de pequeños movimientos durante el día que marcan la diferencia. Los investigadores descubrieron que todos estos pequeños movimientos, levantarse para asomarse por la ventana, estirarse, rascarse la cabeza, incluso cambiarse al otro lado del sofá para ver la televisión, tienen un impacto mayor sobre la salud de lo que cualquiera pensaría. Las personas consideradas "delgadas" consumieron 350 calorías más al día que las personas que tenían sobrepeso. ¡Eso supone 18 kilos al año!

Comience hoy, dé algunos pasos para hacer que su vida sea un poco más activa añadiendo algunos "movimientos" intencionales.

- Subir las escaleras en vez de usar el elevador.

- Caminar lo máximo posible a lo largo del día. Por ejemplo, no estacionar cerca de la entrada del sitio a donde va. Estacionar para tener que caminar un poco.

- Cuando piense en algo que tiene que hacer, levántese y hágalo. No lo deje para después.

- Escoja actividades que le obliguen a moverse, como la jardinería, clases de baile, barrer el porche o el patio, o caminar por el centro comercial.

- Cuando vea la televisión, levántese y estírese periódicamente. Haga lo mismo en el trabajo.

- Intente poner su televisor enfrente de una máquina de caminar o de una máquina de hacer ejercicio para poder ejercitarse mientras la ve.

- Tenga pesas o balones medicinales en su oficina y dedique unos minutos para usarlos a lo largo del día.

Actúe

¿Cuál de las cinco acciones en esta clave adoptará para dominar su metabolismo mientras avanza hacia una mejor salud? Escríbalo debajo, comprométase a hacerlo y comience hoy.

_____

_____

_____

_____

_____

_____

_____

_____

_____

CLAVE
4
Haga ejercicio

El ejercicio es maravilloso para mantenernos saludables y fuertes. A veces, los libros y programas de ejercicios dan la impresión de que el ejercicio siempre es divertido y conveniente. Ciertamente, esa no ha sido mi experiencia y quizá tampoco haya sido la suya. Le guste o no, hacer ejercicio es una parte esencial de la buena salud y de una buena vida. Nos ayuda mucho a tener buen aspecto y sentirnos muy bien. Sencillamente no hay sustituto para ello.

Algunas personas piensan que deben ir al gimnasio y entrenar con pesas o máquinas muy caras para hacer ejercicio, pero eso no es cierto. Hay muchas maneras distintas de hacer ejercicio, incluyendo participar en deportes activos. Montar en bicicleta, correr y nadar son ejercicios estupendos. Si le gusta entrenar en un gimnasio o tener uno en su casa, adelante. Pero si no, sepa que los gimnasios no tienen el monopolio del ejercicio. Hay muchas formas de hacer buen ejercicio y la mayoría no cuestan mucho dinero, ni requieren un equipamiento especial ni le hacen tener que reordenar su horario. Sé que si voy a hacer ejercicio cada día, debe ser algo que me guste hacer. Yo entreno en el gimnasio y tengo una entrenadora porque he descubierto que es lo que mejor funciona para mí. Saber que tengo una cita con alguien tres días a la semana me ayuda a no dejarlo para otra ocasión.

También me encanta caminar cuando hace buen tiempo. Eso no solo me da el trabajo cardiovascular esencial para una larga vida, sino que es también un buen momento para orar; me ayuda a sentirme con más energía durante el día; y funciona de maravilla para reducir mi nivel de estrés. Además, por lo general me aseguro de moverme mucho. No me describiría como "inquieta", pero sí entiendo la importancia de moverse y me muevo todo lo posible. El ejercicio regular es un compromiso y lleva tiempo, pero merece la pena por los beneficios que aporta. Comencé un programa de ejercicio regular hace siete años y he experimentado unos beneficios tremendos. Estoy más delgada, y tengo más energía, más resistencia y más músculo. Incluso he visto mejoras en el tono de mi piel. El ejercicio me ayuda mentalmente, y me hace sentir bien el hecho de saber que estoy invirtiendo en mi salud. Dave ha estado entrenando desde hace más de 50 años. Ahora tiene 73 años y tiene un aspecto totalmente asombroso, y tiene la energía de una persona mucho más joven.

Le animo a que comience ahora a incorporar el

ejercicio a su rutina diaria. Cuanto antes empiece, antes podrá disfrutar de los cambios positivos que le aportará a su salud y a su vida.

Manténgase activo

Cuando empecé a hacer ejercicio, rápidamente me di cuenta de sus beneficios. Creo que a usted le ocurrirá lo mismo. Además del ejercicio "tradicional", también puede esforzarse por mantener su cuerpo activo de las maneras más pequeñas posibles. ¡Recuerde que las cosas pequeñas también cuentan! Solo piense en estas cosas: si es posible, camine hasta la casa de su amigo en vez de ir en automóvil. Use una segadora de empujar en vez de una motorizada. Si trabaja en la computadora todo el día, levántese y haga descansos regulares. Si quiere ir de compras, estaciónese en el lado opuesto del centro comercial de su tienda favorita y camine por el centro comercial hasta llegar allí.

Yo tengo pelotas para hacer ejercicio con las manos en el sofá de mi oficina, y también tengo un balón enorme de ejercicio cerca. De vez en cuando me levanto de mi escritorio y reboto en el balón durante unos minutos. Eso hace que fluya mi sangre, suelta mi columna vertebral y supone un descanso de mi trabajo, lo cual es muy importante. He descubierto que estos balones son muy útiles y fáciles de usar; quizá usted también quiera probarlos.

Necesitamos hacer un esfuerzo por estar todo lo activos que podamos. Los descansos cortos y los "inconvenientes" forzosos de nuestros días son necesarios porque usamos muy poco nuestro cuerpo en estos tiempos. Tenemos muchos electrodomésticos que funcionan tan solo apretando un botón. Muy pocos tenemos trabajos que conlleven ejercicio físico, y muchas de nuestras actividades recreativas las hacemos con los pies en alto. Este es un desarrollo relativamente nuevo en nuestra cultura, y es peligroso. Los seres humanos fuimos hechos para hacer ejercicio. ¡Nuestro cuerpo está unido por las articulaciones, porque Dios espera que nos movamos mucho!

Lo admito, no leemos mucho en la Biblia acerca de la rutina de ejercicio de Noé o de la sesión de Pilates de Moisés. ¿Significa eso que la gente en los tiempos bíblicos no hacía mucho ejercicio? ¡En absoluto! Todo lo que ellos hacían conllevaba ejercicio. Antes de los automóviles, la electricidad y las máquinas, todo en el mundo se hacía mediante fuerza humana o animal. Si alguien quería ir a algún lugar, caminaba. Si necesitaba transportar algo, lo cargaba. Se hacía la colada a mano, se cortaba su propia leña y se molía su propio grano. Este estilo de vida de actividad física podría ser una razón para la increíble longevidad de los personajes bíblicos.

Quizá la persona que más ejercicio hizo de todos

fue Jesús. Él caminaba rutinariamente desde su hogar en Galilea hasta Jerusalén, ¡una distancia de casi 200 kilómetros! Durante el transcurso de su ministerio, debió de caminar miles de kilómetros. En los tiempos de Jesús, la gente no lo pensaba dos veces para caminar 15 kilómetros para ir a algún lado. Y como caminaban distancias tan largas durante toda su vida, sus cuerpos podían hacer ese tipo de ejercicio fácilmente. Cuando estuve una vez en Moscú, observé que un alto número de personas poco habitual eran delgadas. Cuando pregunté por qué, me informaron que la mayoría de ellos no tenían automóviles y tenían que ir caminando a todos los sitios que iban. Caminar tanto todos los días definitivamente ayuda a perder peso y a fortalecer los músculos.

Tan reciente como en la década de 1920, las personas en las ciudades y pueblos de Estados Unidos caminaban un promedio de unos tres kilómetros para ir al trabajo o la escuela. Solo esas caminatas quemaban unas 200 calorías al día, lo cual suma unos 10 kilos al año en pérdida de peso. Cuando nuestra sociedad cambió los paseos diarios por la conveniencia de los automóviles, no nos dimos cuenta de que íbamos a subir de peso esos 10 kilos en el proceso.

Pero la pérdida de peso es solo la punta del iceberg cuando se trata de los resultados positivos del ejercicio. Sí, el ejercicio le ayudará a perder peso y a tener un mejor aspecto, pero hay muchos beneficios para la salud en el ejercicio regular que van más allá del valor del aspecto. Estar en forma por la apariencia es como comprar un refrigerador nuevo porque le gusta su color. Es una razón válida, pero le gustará mucho más su súper eficacia y la garantía extra larga. Y usted puede conseguir esas dos mismas cosas para su cuerpo con el ejercicio. Aparte de no fumar, no hay nada que mejore más su salud.

El ejercicio es verdaderamente una "bala mágica". Tan solo unas cuantas de las enfermedades que puede ayudar a prevenir con el ejercicio son: artritis, asma, osteoporosis, derrame cerebral, Alzheimer, depresión y enfermedades gastrointestinales. Si hace ejercicio, también es probable que sufra menos catarros, que se sienta menos estresado, y maneje mejor el estrés que sufre. Tendrá menos grasa y más músculo, mejor tono y una postura más erguida, lo cual significa que también tendrá un mejor aspecto.

Algunas enfermedades comunes y serias que el ejercicio le puede ayudar a evitar son las enfermedades cardiovasculares, diabetes y cáncer, u otras enfermedades que afectan el sistema inmune. Permítame que lo explique.

Enfermedades cardíacas

La energía para el ejercicio depende de conseguir suficiente oxígeno y combustible para sus músculos. Ambas cosas ocurren mediante un proceso complicado en el cuerpo y se logran mediante el flujo sanguíneo. La sangre es la red de transporte de su cuerpo, y su corazón la dirige. Cuando usted demanda combustible y aumenta el aire, su corazón bombea cada vez más rápido, acelerando la sangre por su importante ruta de envío. Los vasos sanguíneos que alimentan sus músculos en el ejercicio también se dilatan, para poder llevar más sangre a los lugares donde se necesita.

El ejercicio regular tan simple como caminar tres kilómetros la mayoría de los días puede reducir a la mitad los riesgos de enfermedades cardíacas y derrames cerebrales. La mejor manera de impedir estas y otras formas de enfermedades cardiovasculares es un ejercicio regular y moderado que mantenga sus vasos sanguíneos anchos y limpios y su corazón fuerte.

Diabetes

La forma en que el cuerpo destruye el azúcar ayuda a sus músculos a conseguir la energía que necesitan. La diabetes es una enfermedad del azúcar causada por altos niveles de glucosa (un tipo de azúcar) en la sangre. Estos altos niveles son el resultado de una dieta alta en grasa, azúcares y almidones, junto con un estilo de vida sedentario. Quizá piense que mucha glucosa sería algo bueno, más energía, pero unos niveles altos de glucosa durante mucho tiempo producen muchos problemas.

Para entender esto mejor, permítame explicar cómo funciona la glucosa en el cuerpo con la insulina. La insulina es una hormona fabricada por el páncreas y que actúa como una llave para "abrir" los músculos a fin de que reciban y absorban la glucosa. Cuanta más glucosa tengan las personas en su sangre, más insulina necesitan. Finalmente los músculos se quedan rígidos y resisten la función de "apertura" de la insulina. Esto se llama "resistencia a la insulina", y activa un proceso que finalmente deriva en diabetes.

Un programa regular de ejercicio reduce sus probabilidades de desarrollar diabetes en casi dos tercios. Combinado con una dieta saludable baja en azúcares, almidones y grasas saturadas, hace que su riesgo de diabetes sea insignificante. Para las personas que ya tienen diabetes, ninguna cantidad de ejercicio revertirá la enfermedad, pero ayudará a controlar los niveles de glucosa y permitirá que estas personas tomen la menor cantidad de insulina posible.

Cáncer y enfermedades inmunológicas

La conexión entre el ejercicio y la prevención del cáncer no es tan directa como la que existe entre el ejercicio y la reducción de enfermedades cardiovasculares o diabetes. El ejercicio tiene poco impacto sobre algunos cánceres, sin embargo reduce el riesgo de cáncer de mama en un 37% y aporta una protección similar contra el cáncer de próstata y de colon. Hace esto al estimular su sistema inmunológico. Su defensa inmunológica, centrada en el sistema linfático, hace circular glóbulos blancos por el cuerpo, donde encuentran y eliminan células amenazantes como bacterias, virus y células cancerígenas. A diferencia de la sangre, que el corazón bombea por el cuerpo, la linfa depende de la contracción de los músculos para circular por el cuerpo. El ejercicio moderado dobla el ritmo al que circulan sus linfas. Cuanto más rápido se muevan estos glóbulos blancos, más células cancerígenas y virus pueden recoger.

Espero que haya aprendido en esta clave lo mucho que puede aportar el ejercicio para la mejora y conservación de su salud, y espero que esté listo para comenzar algún programa de ejercicio que pueda realizar en años venideros.

Cinco formas de comenzar a hacer ejercicio

1. Dar un paseo, diariamente

Los expertos antes pensaban que las personas tenían que sudar mucho para obtener beneficios para la salud con el ejercicio. Veían el caminar cono una buena manera de hacer un descanso, pero pensaban que el *verdadero* ejercicio era correr, entrenamientos aeróbicos u otros deportes intensos. Resultó ser que esto no era cierto. Los investigadores ahora saben que la mayoría de los beneficios para la salud del ejercicio vienen de actividades tan simples como caminar 30 minutos cada día. Un ejercicio más intenso quemará más calorías y hará que una persona pierda más peso, pero no aumentará la longevidad ni hará mucho más para prevenir enfermedades.

Treinta minutos paseando significa unos tres kilómetros a un paso normal. No es necesario comenzar haciendo tanto. Si quince minutos le deja jadeando, es suficiente para comenzar. Intente incrementarlo gradualmente a treinta minutos al menos cinco días a la semana. Finalmente, tres kilómetros le parecerá algo muy fácil para usted, así que intente aumentar su distancia a cuatro kilómetros, o haga tres kilómetros a un paso más rápido. Manténganse moderadamente desafiado constantemente. Siéntase libre para caminar más de 30 minutos si puede, aunque la mayoría de las personas ven que media hora es lo que pueden dedicar al ejercicio en un día ocupado. Si quiere usar un libro como guía, pruebe el libro de Don Colbert, *Los siete pilares de la salud.*

2. Ejercicio de interior

A mí me gusta caminar en el exterior. Me encanta poder experimentar el día y los cambios de estaciones desde un camino o una calle. Por fortuna, vivo en un lugar donde puedo hacer esto. Pero a algunas personas les cuesta mucho mantener un programa de ejercicio al aire libre durante todo un año. En Florida, caminar en verano es imposible. En Michigan, para caminar en invierno se necesita ponerse abrigos y botas y esquivar charcos de hielo. Pero en muchas áreas, los centros comerciales locales o los centros comunitarios ofrecen programas de caminatas de interior que permiten que la gente camine por superficies perfectamente niveladas con temperaturas cómodas y constantes a muy bajo costo. Esto hace que caminar sea especialmente fácil.

No importa dónde vivan, muchas personas se sienten más cómodas haciendo ejercicio en la privacidad de su propio hogar, usando videos de entrenamientos. Existen a su disposición muchos videos de aeróbicos clásicos. Si esto le parece demasiado cansado para usted, podría probar un video que combine caminar en un lugar con movimientos simples de fortalecimiento diseñados para darle un entrenamiento completo.

Si le gustan las clases, puede encontrar una variedad de clases sobre todo, desde aeróbico básico a aeróbico acuático o "spinning" en casi todas las ciudades y pueblos. Sea cual sea su preferencia, hay un programa para usted. No deje que el hecho de que viva en un lugar donde la actividad al aire libre no está siempre disponible le detenga de hacer ejercicio.

3. Aumentar su fuerza

Los ejercicios aeróbicos como caminar o montar en bicicleta queman calorías, mejoran la función cardiovascular y le mantienen animado emocionalmente, pero no aportan mucha ayuda para luchar contra la osteoporosis en la parte superior del cuerpo. Eso requiere un trabajo rápido e intenso del músculo como levantar pesas, entrenamientos de fuerza y sentadillas. Lo bueno de los programas de entrenamiento de fuerza es que se pueden hacer en casa con un equipamiento mínimo. Hay disponibles muchos videos y libros para ayudarle a aprender cómo ganar fuerza. Encuentre uno que encaje con sus necesidades, y mantenga sus músculos y huesos fuertes.

4. Correr o montar en bicicleta

A algunas personas no les gusta caminar. Si sabe que necesita hacer ejercicio, pero también sabe que no le emocionará mucho a menos que se mueva más rápido de lo que se mueve caminando, le sugiero correr o montar en bicicleta. A muchas personas les encanta la bicicleta y es mucho más ligera para las articulaciones que correr. Las ciudades y los pueblos están mucho mejor ahora que antes en cuanto a los carriles y rutas para bicicletas. Quizá se dé cuenta de que algunos de los recados que ahora hace en automóvil los podría hacer en una bicicleta. Si lo prueba, verá que puede hacer ejercicio y hacer muchos de sus recados a la vez.

5. Nadar

Algunas personas tienen problemas físicos que hacen que caminar o montar en bicicleta sea difícil o imposible. Para estas personas, y para otras, nadar es una gran alternativa. Muchas piscinas locales u otras instalaciones ofrecen clases de aeróbico acuático u oportunidades de carriles de nado, lo cual es una de las actividades más saludables que puede hacer. Nadar le despoja a su cuerpo de todo su peso, lo cual significa que no ejerce presión sobre sus articulaciones. También se trabajan diferentes grupos musculares y provee un tranquilo trabajo cardiovascular sin estresar las articulaciones ni los huesos. Las piscinas interiores hacen que nadar sea una buena opción para hacerlo durante todo el año.

Actúe

¿Cuál de las cinco acciones de esta clave adoptará para incorporar un programa de ejercicio constante en su vida a fin de avanzar hacia una salud mejor? Escríbalo debajo, comprométase a hacerlo y comience hoy.

_____

_____

_____

_____

_____

_____

_____

_____

_____

_____

_____

_____

CLAVE
5
Coma equilibradamente

Después de que Dios creara a Adán y Eva, les dio una instrucción alimentaria muy sencilla: "De todo árbol del huerto podrás comer" (Génesis 2:16). ¿Acaso dijo: "De toda rosquilla de chocolate de la calle podrás comer"? No. ¿Dijo: "De toda patata frita de la bolsa podrás comer"? No. No les dijo que comieran comida rápida, pizza congelada ni tan siquiera galletas bajas en grasa. Dios les dijo a Adán y Eva que comieran del huerto. Aunque eso fue hace muchos siglos, mucho antes de la comida rápida y los microondas, haríamos bien en seguir su consejo.

Hemos sido inundados con una gran cantidad de mala información alimenticia en las décadas pasadas, lo cual ha nublado las verdades sencillas de comer sano: comamos los alimentos que vienen de Dios, lo más cerca posible a como Dios los hizo, y no nos equivocaremos. Solo nos metemos en problemas cuando corrompimos nuestro cuerpo con alimentos que el ser humano produce en laboratorios y fábricas. Nuestros cuerpos no están diseñados para nutrirse de esas formas o de todos los químicos añadidos que incluyen.

Una vez que estaba enseñando sobre el tema de la comida, le pedí a la congregación que repitiera después de mí: "¡Soy libre para comer!". Los rostros de temor en la cara de la gente eran sorprendentes; realmente no creían la frase que les había pedido que dijeran. Muchas personas viven esclavas de la comida y los antojos, batallando con el peso y creyendo durante años ¡que no son libres para comer! Creen más bien lo contrario; para ellos, la comida viene con reglas, regulaciones o ansiedad. Pero cuando demasiadas reglas y directrices oprimen el espíritu de una persona, este anhela libertad. ¡Se rebela! Esta es una razón por la que fallan muchas dietas. Se tratan de restricciones, y el espíritu humano está diseñado para la libertad. ¡Por eso "¡yo soy libre para comer!" es un mensaje tan poderoso y tan incómodo para muchas personas. Quieren creer que tienen la libertad para comer, pero han recibido el mensaje contrario durante demasiado tiempo.

Permítame decir hoy: *Usted es libre para comer*. Quizá no sea libre para comer todo lo que quiere comer cada vez que quiere comerlo, pero si se centra en comer de una manera saludable y equilibrada, ¡sin duda alguna usted es libre para comer y disfrutar!

El objetivo: Equilibrio

Es cierto que nos encantan los delicados sabores cremosos del pan, la bollería y otros alimentos hechos con harina blanca. Y no vale la pena ni siquiera discutir nuestro integrado gusto ¡por el azúcar refinado! Pero estos tipos de alimentos producen enormes respuestas de insulina en nuestro cuerpo. Esta es solo una razón por la que comer bien es tan importante.

Comer una dieta saludable y equilibrada no es difícil; de hecho es fácil. También nos mantiene obedientes a Dios porque la Biblia nos dice que seamos equilibrados para que el diablo no pueda encontrar entrada alguna en nuestra vida (1 Pedro 5:8). El exceso en cualquier área de nuestra vida es el terreno de juego del diablo, pero el equilibrio es un lugar espiritualmente seguro y saludable.

Al comer, como en todas las áreas de la vida, el sentido común es la clave. No es razonable pensar que una galleta hará pedazos la salud. Igualmente ilógico es pensar que se puede comer un postre completo dos veces al día sin sufrir ninguna consecuencia. La moderación es el camino correcto en todas las cosas. Si puede comer un dulce ocasionalmente en una fiesta de cumpleaños o en una cena sin pasarse mucho, eso es una parte maravillosa de la vida.

Una amiga mía dice que ella no puede comer ni

siquiera una galleta sin comerse la caja entera, así que sabe que no puede aceptar esa primera galleta. La Biblia dice que si su ojo le hace caer, debería sacárselo (Mateo 18:9). Lo que significa esto es que si una cosa en nuestra vida amenaza nuestra caída o nos produce serios problemas, tenemos que cortarlo de nuestra vida. No necesitamos ir a tales extremos la mayoría de las veces. Un poco de azúcar o comer pasta ocasionalmente no producirá un daño irreparable a la mayoría de nosotros. Casi todos somos lo suficientemente maduros como para mezclar la indulgencia ocasional dentro de un patrón general de comidas equilibradas y completas.

Busque ese equilibro en su plato. Una variedad de color es una buena señal; significa que está consumiendo una buena mezcla de vitaminas y antioxidantes. Permítase algo de carbohidratos para obtener energía, preferiblemente integrales como el arroz integral, el trigo integral, maíz o frijoles, pero asegúrese de que estén equilibrados con mucha proteína y grasas saludables, como aceite de oliva o aguacate. Aunque coma carbohidratos refinados, como el azúcar o el arroz blanco, comer proteína y grasa a la vez lo mezclará todo en su estómago y retrasará el ritmo al que su cuerpo absorbe los carbohidratos, lo cual resultará en un pico menor de azúcar en sangre. Por eso un poco de helado al final de una comida es mejor idea que una rosquilla solo a media tarde.

Debido a la intolerancia al gluten, algunas personas deben abstenerse de cosas que contienen gluten, pero por suerte en nuestros días existen ya muchos alimentos sin gluten. Conozca su propio cuerpo y haga los ajustes pertinentes. Algunas personas no pueden comer nada de azúcar por la diabetes o nada de gluten o productos lácteos debido a algunas alergias. Yo tuve un periodo de unos diez años en los que me dolía la cabeza si comía carne de res, así que la evité. Pero después la química de mi cuerpo cambió y ahora puedo comer res sin tener problemas. No creo que exactamente el mismo plan funcione para todos. Tenemos que conocer nuestro cuerpo y encontrar un plan alimenticio que nos funcione.

Por encima de todo, *no se estrese por lo que come*. Sepa que comer sano simplemente consiste en rotar una serie de buenos alimentos a lo largo de la semana. Más de un experto en nutrición me ha dicho que si comemos la misma comida diariamente o con demasiada frecuencia a menudo nos volvemos alérgicos a ella. Necesitamos variedad y equilibrio. ¡La mayoría de los alimentos son buenos para usted! Tan solo no caiga en el hábito estadounidense de confiar demasiado en unos pocos. Mientras que la abundancia de Dios

cruce su plato cada semana, y la mayor parte de
la misma se parezca más o menos a como estaba
cuando vino de la granja, no tendrá muchos problemas.

Cinco formas de poner en práctica comer equilibradamente

1. Haga que la comida sea algo sagrado

Aprenda a hacer todo lo que hace para la gloria de
Dios, incluido el comer. Mire su plato y pregunte
si lo que está a punto de comer es principalmente
lo que Dios creó para usted, básicamente en su
forma original. No vea la comida como un evento
secular que no tiene nada que ver con su vida
espiritual o su relación con Dios. Entienda que
Dios está interesado en el bienestar de todo su
cuerpo, alma y espíritu, y escoja honrarle con lo
que come.

Espero que decidirá tomar hoy buenas decisiones cuando coma. Cada vez que escoge buenos
alimentos sanos, está escogiendo vida, lo cual es
un don de Dios para usted. Él quiere que usted
tenga un buen aspecto y se sienta bien, que esté
saludable y que tenga una buena vida. Puede hacer
estas cosas si recuerda que su cuerpo es el templo
de Dios y que el combustible que pone en él de-
termina lo bien que funcionará y durante cuánto
tiempo.

2. Evite los carbohidratos refinados

Gran parte de los elevados índices de obesidad de América y las relacionadas incidencias de enfermedades cardíacas y derrames cerebrales están causados por la enorme cantidad de carbohidratos refinados que comemos. Vienen principalmente en forma de harinas blancas (en el pan, galletas saladas, pasta, tortillas, pasteles, galletas, rosquillas, tartas, pretzels), patatas (patatas fritas y chips), azúcar, jarabe de maíz y otros endulzantes. En promedio, los estadounidenses hoy comen quince kilos más de azúcar al año que los estadounidenses de hace treinta años, y treinta kilos más de cereal (principalmente harina blanca) que entonces. Eso debe parar.

¿Cómo podemos tomar mejores decisiones alimenticias? Hagámoslo simple: escoja siempre ensalada de acompañamiento o las verduras, en vez de las patatas fritas. No coma el arroz a menos que sea integral, y cambie a pan de multicereales (a menos que necesite sin gluten). ¡Nada de esto es difícil! La diabetes sí es difícil. No tener energía es difícil. El cáncer es difícil. Una buena salud es fácil.

3. Sea intenso con las frutas y verduras

Los carbohidratos baratos no proporcionan mucha nutrición, pero saben bien, por eso si no hacemos el esfuerzo de buscar fruta y verdura fresca, nuestro cuerpo comerá alegremente las patatas fritas, el pan y el azúcar. La mejor defensa es una buena ofensiva, y quiero que sea *ofensivo* si eso es lo que necesita para poner algo decente en su cuerpo. Por ejemplo, base sus elecciones en el restaurante y los menús en las verduras, no en las carnes o los panes. A mí realmente me gustan los restaurantes que ofrecen varias opciones de verdura al vapor. También puede usar fruta o verdura cruda para matar el hambre. Subir de peso o no estar sano por comer demasiada fruta o verdura es imposible; su contenido en agua y fibra impide eso, así que cómalos sin miedo y piense en ellos como la armadura para su batalla contra la comida basura. Aquí tiene algunos consejos útiles más.

- Asegúrese de tener al menos una fruta o verdura en *cada* comida. Las verduras son incluso mejor que la fruta porque contienen menos azúcar natural.

- Para los aperitivos, sirva verdura cruda con una salsa saludable.

- Haga de la fruta su opción de picar.

- No deje pasar más de tres horas sin comer algo. Mantener estable su nivel de glucosa en sangre es sabio. Comer a menudo mantiene a su metabolismo trabajando.

Sea firme en esta decisión, y si se olvida de tomar aperitivos sanos cuando salga de casa, pare en la tienda y compre algunos.

4. Reemplace las grasas saturadas y las grasas trans por grasas insaturadas

La manera más fácil de reducir su riesgo de una enfermedad cardíaca es comer menos carnes rojas, productos lácteos y alimentos procesados con aceites hidrogenados, y comer más pescado, aves de corral, aceite de oliva, nueces y aguacate. Esto no significa que no pueda comerse un filete de carne de vez en cuando, pero significa que no debería comerse uno diariamente. Aquí tiene varias buenas sugerencias.

- Coma pescado dos veces a la semana para cenar.

- Coma sándwiches de pechuga de pavo o atún en vez de carne de res o jamón.

- Evite el tocino y las salchichas. Pruebe la salchicha de pavo como un sustituto de la salchicha de cerdo.

- Use aceite de oliva en vez de margarina en el pan y en vez de la mayonesa en los aliños.

- Añada nueces y aguacates en vez de queso en exceso en los sándwiches y ensaladas.

5. Equilibre su plato

Un plato típico estadounidense para cenar a menudo incluye un gran montón de costillas o pollo frito, una buena porción de puré de patatas, un pan grande y una diminuta porción de ensalada de lechuga o ensalada de repollo con mucho cuidado de que todo quepa en el plato. Si su objetivo es comer una dieta equilibrada, puede seguir comiendo todos estos alimentos (y cualquier otra cosa que a usted le guste comer); simplemente cambie la proporción. Esa ensalada u otra verdura (o quizá *dos* verduras) debería ocupar la mitad del plato, mientras que la carne y los almidones deberían ocupar solo un cuarto del plato. ¡Un plato equilibrado lleva a una dieta equilibrada!

Actúe

¿Cuál de las cinco acciones en esta clave adoptará para poder escoger sus alimentos sabiamente y comer de una manera equilibrada? Escríbalo debajo, comprométase a hacerlo y comience hoy.

_____

_____

_____

_____

_____

_____

CLAVE
6
Ponga agua en su vida

Su cuerpo es agua en dos terceras partes, así como la tierra es dos tercios de agua y un tercio de tierra seca. Usted y yo, y todo ser viviente, debemos mantener de manera precisa el contenido de agua en nuestro cuerpo. Si baja por debajo de lo normal, se produce una enfermedad. El agua es tan fundamental para nuestra existencia que la Biblia la compara con la Palabra de Dios. Empapamos nuestro cuerpo con agua natural y nuestra alma con el agua de la Palabra. Efesios 5:26-27 dice: "para santificarla, habiéndola purificado en el lavamiento del agua por la palabra, a fin de presentársela a sí mismo, una iglesia gloriosa, que no tuviese mancha ni arruga ni cosa semejante, sino que fuese santa y sin mancha".

Así como el agua de la Palabra de Dios limpia nuestra alma de la suciedad espiritual, del mismo modo el agua rodea y baña cada una de las células en un fluido que sostiene la vida. El agua no es el único fluido *alrededor* de nuestras células, sino también el fluido *dentro* de nuestras células. Los canales de agua de nuestro cuerpo transportan distintos nutrientes y materiales a nuestras células y quitan los desechos de nuestras células. Ayudan a mantener nuestros cuerpos limpios y nutridos.

Sin agua, la energía no puede ir de nuestro alimento a nuestros músculos y nuestro cerebro, los desechos no se eliminan, los riñones no pueden funcionar, y el sistema inmunológico no puede circular. Tampoco podemos enfriarnos; esas pequeñas gotitas de agua que salen por nuestra piel cuando sudamos son el sistema principal del cuerpo para eliminar el exceso de calor.

Todo lo que hacemos o pensamos depende del funcionamiento de nuestras células, y si queremos que nuestras células funcionen a pleno rendimiento, entonces darle a nuestro cuerpo el agua necesaria para hacer su trabajo es esencial.

¿Qué ocurre sin agua?

Si un cuerpo no recibe el agua que necesita, surgen problemas. Usted puede estar sin comer durante un mes y no sufrir problemas mayores que el que la ropa le quede suelta, pero si está sin agua durante más de un día, las consecuencias son graves. Un bajo nivel de deshidratación incluye síntomas como ojos secos y con picor, piel seca que no "contesta" cuando se le tira de ella, estreñimiento y piedras en el riñón. La deshidratación más seria comienza con náuseas, mareo y confusión, y lleva a calambres en los músculos, fallos renales y finalmente incluso la muerte.

Incluso una deshidratación de bajo grado tiene consecuencias importantes. Cuando el nivel de agua en su cuerpo cae, su sangre comienza a tener problemas para llevar el combustible y otros nutrientes a sus células, así que su nivel de energía cae. Su cerebro no puede funcionar a su plena capacidad tampoco. Quizá incluso no note conscientemente que tiene sed, pero la evidencia está ahí: fatiga, mal humor y mala concentración.

Si es así como usted se siente cada tarde, quizá entonces no esté tomando suficiente agua. Y si intenta arreglar su fatiga con café o Coca-Cola, la situación empeora en vez de mejorar: usted quema la energía que le queda más rápidamente y el café le deja más deshidratado que antes, porque es un diurético. La cafeína del café y la Coca-Cola es como "estrés de bajo grado en una taza", y no ofrece ninguno de los beneficios para la salud que tiene el agua. Si tiene tendencia a desplomarse por la tarde, se sorprendería de lo rápido que podría salir de ello sin otra cosa que un buen vaso de agua.

Mantener agua suficiente en su cuerpo es vital para su salud. Le animo a ser proactivo en cuanto a esto en vez de depender de los sentimientos de sed que le dicen cuándo tienen que beber más agua. La sensación de sed no siempre es fiable, especialmente en los ancianos. La gente se puede acostumbrar a sentir todo tipo de cosas, algunas de ellas malas. Nos podemos acostumbrar a sentirnos un poco sedientos y secos, pero no tenemos que dejar que ese sentimiento se convierta en algo familiar y aceptable. Le animo a no acostumbrarse tanto a tener sed que no se dé cuenta de que necesita agua. Mantenga su cuerpo hidratado todo el día, todos los días.

Agua y pérdida de peso

Lo crea o no, beber agua ayuda tremendamente a perder peso, y no tener sobrepeso es vital para una buena salud. Esto es en parte por la capacidad del agua de aumentar el metabolismo. Beba más agua y quemará unas cuantas calorías más por hora, al margen de cuánto ejercicio haga. El agua también ayuda a llenar su estómago, temporalmente. Aunque el sentimiento de saciedad no durará, puede marcar la diferencia porque frena su ingesta de comida y le da a su cuerpo más tiempo para saber que está lleno antes de comer en exceso.

Sospecho que la razón por la que mucha gente siente la necesidad de tomar algún aperitivo durante el día es por la deshidratación en vez de la baja energía. Como la deshidratación leve aparece como fatiga y baja concentración en vez de sed, muchas personas confunden esos sentimientos con el hambre. Creen que tienen "poco azúcar en sangre" y necesitan un aperitivo. Terminan tomando aperitivos todo el día o yendo una y otra vez a la cafetera, cuando lo único que necesitan es un buen vaso de agua fría para que les reavive por completo.

Pero la razón mayor por la que el agua es una bendición para perder peso es que cuando usted bebe agua, no está bebiendo otras bebidas, como refrescos, batidos, té o café frío, bebidas energéticas, zumos, etc. Muchos de estos productos están llenos de azúcar, y eso sin lugar a dudas no ayudará a que los números de la báscula desciendan.

Una vez visité a un familiar al que no había visto durante meses. Tenía muy buen aspecto, y le pregunté si había perdido peso. Había perdido 12 kilos. "Lo único que hice fue comenzar a beber mucha agua", me dijo. Esa es la dieta más simple que verá jamás. Ningún cambio en los alimentos ni el ejercicio; simplemente cambie de bebidas calóricas al agua y vea cómo se van los kilos. Si tiende a beber más de un par de refrescos o zumos al día, fácilmente pueden suponer unos 10 u 11 kilos al año. Nunca encontrará una forma más sencilla de mejorar su salud y su cintura que eliminando esas bebidas innecesarias de su dieta.

¿Cuánta agua necesita? Una fórmula muy conocida es tomar su peso en libras, dividirlo por dos y beber esa cantidad de onzas de líquido al día. Ocho onzas es una taza, así que si pesa 128 libras, debería tomar ocho tazas de agua al día. Si pesa 160 libras, debería tomar 10 tazas. No todo esta agua tiene que adquirirla bebiéndola. También cuentan otros líquidos, incluyendo el agua que obtiene de las frutas y verduras. Una de las mejores cosas que puede hacer por su cuerpo es asegurarse de que reciba el agua que necesita. Espero que decida hoy comenzar a hidratarse para ayudar a mantener su cuerpo trabajando bien.

Cinco maneras de estar hidratado

1. Haga que sepa bien

El agua del grifo que no sabe bien es un serio impedimento a la hora de beber ocho o más vasos de agua al día. Esta tarea no debería ser una tortura para usted; debería ser algo agradable y sin fastidios. Haga lo que sea necesario para que su ingesta de agua sea algo que anhele hacer; esa es la única manera en que sabe que seguirá haciéndolo. Algunas ideas:

- Ponga un filtro en su grifo.
- Compre agua embotellada.
- Exprima una rodaja de limón o lima en cada vaso.
- Haga té helado o té de hierbas caliente.
- Hay también muchas aguas con sabor disponibles que quizá le gusten, pero

tenga cuidado de no elegir algunas que contienen azúcar.

2. Lleve agua siempre con usted

Puede acordarse de beber más agua, pero si no la tiene a mano, probablemente no lo haga. Asegurarse de que siempre haya agua disponible le ayudará mucho a establecer el nuevo hábito de estar hidratado.

Tenga botellas de agua en su automóvil, en casa, y en su oficina para no tener que pensar a la hora de conseguirla. Y cuando vaya a un restaurante y el camarero llene su vaso de agua, ¡bébasela! ¿Para qué pedir otra bebida que no necesita? Además, siempre que pase por una fuente de agua o un dispensador, dé un trago.

3. Haga que su agua le llame

Si le cuesta trabajo acordarse de beber un vaso de agua cada hora o dos, permita que la tecnología resuelva su problema: ¡Ponga la alarma en su teléfono celular cada hora como un recordatorio para beber agua! Esa es una solución drástica para asegurarse de que su agua no está "fuera de su vista, fuera de su mente". Aquí tiene algunos otros:

- Llene un recipiente de agua con hielo por la mañana en casa o en el trabajo, dondequiera que vaya a pasar el día, y póngalo delante de usted para acordarse de beber.

- Tenga una lista de control del agua cada día. ¡Es fácil perder la cuenta!

- Haga un ritual de su ingesta de agua. Vincúlelo a momentos específicos del día como recordatorios naturales. Los momentos más fáciles son probablemente las comidas, pero muchos nutricionistas aconsejan no beber mucha agua durante las comidas porque puede diluir su ácido gástrico e impedir hacer una buena digestión de su comida. A primera hora de la mañana es un buen momento para un vaso o dos de agua y le ayudará a que su metabolismo se ponga a funcionar.

4. Coma fruta cada día

La fruta puede ser hasta un 80% agua o más, así que comer algo de fruta al día le aportará el equivalente a un vaso de agua extra. Algunas verduras también tienen un alto contenido en agua. Usted ciertamente no puede esperar suplir toda su necesidad de líquidos mediante la comida, pero definitivamente cuenta para ese objetivo.

5. Instale enfriadores de agua

Los estudios han revelado que si la gente ve enfriadores de agua, es más probable que den un trago de agua que si tienen que obtenerla del grifo. El enfriador de agua funciona como una sutil sugerencia, y la gente confía en que conseguirá de ellos agua con buen sabor. Si su oficina no tiene un enfriador de agua, sugiera que instalen uno. Ayudará a mejorar la salud de toda la oficina. Los enfriadores funcionan sorprendentemente bien también en casa.

Actúe

¿Cuál de las cinco acciones en esta clave adoptará usted para estar hidratado y experimentar los beneficios del agua para la salud en su vida? Escríbalo aquí debajo, comprométase a hacerlo y comience hoy.

_____

_____

_____

_____

_____

_____

_____

CLAVE
7

Sea consciente de lo que come

¿Le resulta a usted familiar algo de todo esto?

- Cada vez que saca algo del refrigerador para sus hijos, se mete un trocito en su boca sin tan siquiera pensarlo, un trocito de queso, una loncha de jamón, o una cucharadita de crema de cacahuates.

- No tiene intención alguna de comer el pastel que ha cocinado, pero lame el bol donde ha hecho la mezcla y el cuchillo con el que ha untado el relleno.

- Toma una magdalena (muffin) cada día, pero se deja la mitad para "ahorrar calorías".

- No se pide postre porque está a dieta, pero le pide a su esposo varios bocaditos del suyo.

- Compra caramelos en miniatura, los esconde y se come solo uno al día, diciéndose que realmente no cuentan porque son muy pequeños.

¿Le suena de algo? Todos estos son malos hábitos que yo tenía en el pasado ignorantemente. Mi mente consciente me decía que comía responsablemente, y si miraba mis tres comidas principales, lo hacía. Pero había muchos antojos extra todos los días de los que ni siquiera era consciente: terminar las sobras de mis hijos, probar mientras cocinaba o picar del postre de mi esposo.

¡Y esos pequeños caramelitos! Eran tan pequeños que pensaba que podía ignorarlos. Cada uno tenía solo 100 calorías, lo cual no parece mucho, pero me comía uno cada día. Cuente toda la comida innecesaria que come cada día, divida sus calorías por 10, y esas son las libras de diferencia que puede tener al año. Esos caramelitos diarios no merecían esos cinco kilos al año, así que dejé de comerlos.

También, leer las etiquetas de la comida empaquetada realmente me ha ayudado a tomar mejores decisiones. ¡Quiero saber lo que estoy comiendo cuando como! A veces, cuando veo cuántas calorías o cuánto azúcar o sodio hay en algo que estoy a punto de comerme, decido que mejor ya no lo quiero.

Piense en lo que come y bebe

Debemos ser conscientes de lo que comemos si queremos ocuparnos de nuestra salud. Esto simplemente significa que debemos pensar en lo que comemos y bebemos, y tomar decisiones de calidad acerca de lo que ponemos en nuestro cuerpo. Yo me deshice de mis malos hábitos alimenticios haciendo el compromiso de que cada trozo de comida que pusiera en mi boca sería una decisión consciente.

Nunca antes en la historia humana ha habido disponible tanta cantidad de comida tan barata y tan frecuente. Nos detenemos en una gasolinera, y hay comida. Vamos a trabajar, y hay comida. Hay comida en nuestro salón, en los cajones de nuestro escritorio, en los aviones y en las salas de conferencias.

Parte del problema es que cuando vemos comida a nuestro alrededor y vemos que otras personas están comiendo, de repente nos parece normal estar comiendo algo como todos los demás. Además, la industria de servicio de alimentos obtiene sus ganancias de nuestra comida, así que continúan sugiriendo que comamos más y más. Por ejemplo, el empleado del mostrador de comida rápida nos pregunta si nos gustaría probar un pastel de manzana con nuestra hamburguesa (y se mete en problemas si se le olvida). No estamos siendo maleducados si rehusamos algo que no necesitamos. No necesitamos hacer nada por obligación, especialmente cuando se trata de comer.

Debemos mantener la guardia alta contra el susurro constante que nos dice: come, come, come. Como expliqué en la Clave 1, pocos podemos hacer esto solamente con la fuerza de voluntad, así que necesitamos clamar a Dios para que nos ayude a estar atentos todo el tiempo. Comer conscientemente puede ser tan importante para la buena salud y una buena vida como comer la comida correcta.

¿Qué significa comer conscientemente? Es simplemente estar presente, realmente presente, siempre que escojamos poner comida o bebida en nuestra boca. Significa preguntarnos: "¿Tengo hambre? ¿Realmente quiero esto?". Una de las preguntas más reveladoras que podemos hacernos es esta: "¿Lo que me estoy comiendo sabe bien?". Llega a ser asombroso cuántas veces decimos "no" a alguna comida que vamos a poner en nuestra boca. De hecho, la Biblia recomienda en Romanos 13:14 que no hagamos provisión para la carne y que dejemos de pensar en sus deseos. Formar el hábito de dejar de comer en cuanto empecemos a sentirnos llenos es algo que también nos será muy útil. Se sentirá más lleno a los veinte minutos. Pero si come hasta que se siente realmente lleno, será más que probable que se sienta empachado cuando toda su comida llegue a su estómago.

Decir "no" a la comida es algo que muchas personas tienen que aprender porque de niños nos enseñaron a no desperdiciar comida. Mi esposo creció en una familia que apenas tenía suficiente para sobrevivir; nadie desperdiciaba comida alguna. De adulto se sentía obligado no solo a limpiar su plato, sino a limpiar también los platos de nuestros hijos.

Cuando se hizo un poco más mayor, observó que había ganado algo de peso y se dio cuenta de que tenía que dejar de comer comida solo porque estaba ahí. En vez de comer demasiado por no desperdiciar comida, deberíamos intentar preparar solo lo que sabemos que nos vamos a comer. Si es difícil para usted dejar comida en el plato, use un plato más pequeño.

Como cualquier otra cosa, comer conscientemente es una destreza que conlleva práctica para perfeccionarla. Cuanto más lo haga, mejor lo hará, pero habrá algunos baches durante el camino. Si sigue trabajando en el hecho de comer conscientemente, será cada vez mejor y cada vez recaerá menos. Pero quizá recaiga de vez en cuando, así que no se castigue demasiado cuando le suceda.

Cinco formas de comer conscientemente

1. Preste atención a cómo se siente después de comer

Yo solía pensar que un buen plato de pasta era una de mis comidas favoritas, y ciertamente lo disfrutaba mientras me lo comía. Pero unos 20 minutos después, me entraba una somnolencia asombrosa. No tenía energía para trabajar y me sentía totalmente gruñona. Cuando eso ocurría, no me recuperaba hasta bien entrada la tarde.

Tardé *años* en relacionar eso con la pasta. Ahora sé que comer pasta u otros almidones con poca o sin proteína me afecta durante horas.

¿Cuántas de las veces que "se siente usted mal" están conectadas con una comida que comió ese día o la noche anterior? ¡Quizá unas cuantas! Nuestros días son demasiado preciosos para malgastarlos sintiéndonos mal, así que si se ve atrapado en esta trampa, por favor haga algo. La comida no es solo para obtener una gratificación inmediata, la cual se produce cuando algún delicioso bocado entra en contacto con su lengua; se supone que debe darle combustible, energía y un sentimiento de bienestar durante el día. Recuerde que el buen sabor de su lengua solo dura un minuto o menos, y los kilos extra, o la falta de energía, pueden durar mucho tiempo.

Una razón por la que existe la comida basura es que muchas personas no reconocen la relación entre lo que comen y cómo se sienten. Una vez que usted sea consciente de esto, se sorprenderá de lo mucho que querrá cambiar sus hábitos alimenticios. De hecho, se sentirá atraído a las ensaladas y otras comidas sanas porque las relacionará con los buenos sentimientos que le aportan. Incluso sus cosas favoritas como patatas chips y galletas pueden comenzar a perder parte de su atractivo e incluso dejar de gustarle al ser consciente enseguida de la reacción negativa de su cuerpo hacia ellas. Nuestro cuerpo básicamente anhela lo que le damos regularmente. Usted puede entrenar a su cuerpo para que le gusten las verduras y no importarle mucho el azúcar.

2. Dar gracias

Dar gracias a Dios por la abundancia de su mesa es la mejor manera que conozco de entrar de inmediato en una relación más saludable con su comida. Si tiene tendencia a comer en exceso, pídale ayuda a Dios en cada comida para permanecer en su perfecta voluntad. Dios quiere que usted disfrute de lo que come, y el verdadero disfrute no consiste en comer tanto que tenga que estar las horas siguientes sintiéndose mal y culpable.

3. No haga miles cosas a la vez que come

Cuando coma, coma. Cuando trabaje, trabaje. Cuando vea la televisión, no use ese tiempo como un descanso para picar algo. Disfrutará de su vida mucho más si hace una cosa cada vez y le dedica toda su atención. Cuando algo como la televisión o el trabajo le distrae, usted queda desconectado de sus sensaciones naturales y es probable que siga metiendo comida en su boca incluso sin darse cuenta. Muchas personas están tan acostumbradas a tener comida a su alrededor que llegan a pensar en ello como en el murmullo de fondo; es algo que está ahí, y comen sin prestar atención a lo que están haciendo. Si están trabajando en sus escritorios sin picar de una bolsa de dulces, sienten que les falta algo.

Romper el hábito alimenticio de no ser conscientes es esencial. Cientos e incluso miles de calorías al día pueden entrar en su cuerpo aportándole muy poco placer. Una persona puede comer cuatro piezas de pan blanco con mantequilla solo porque el camarero lo puso en la mesa, sin darse cuenta de que se ha comido ¡entre 800 y 1.000 calorías! Asegúrese cuando esté comiendo de que realmente está escogiendo conscientemente hacerlo y que sabe qué es lo que está comiendo. La mayoría de las personas que comen pan y mantequilla antes de una comida ni siquiera consideran o se acuerdan de ello si se les pregunta qué fue lo que comieron. Están hambrientos; el camarero lo puso delante de ellos; y ellos automáticamente se lo comieron mientras esperaban que llegara la verdadera comida.

4. Disminuya la velocidad

Se tardan unos veinte minutos para que la comida que come pase por su estómago y llegue a su intestino delgado, el cual detecta la comida y envía mensajes al cerebro del tipo: "estoy lleno".

Pero si come muy deprisa, cuando su cerebro recibe esos mensajes del intestino delgado ya es demasiado tarde; ya hay mucha más comida lista en la tubería y usted está dolorosamente lleno. Disminuya la velocidad y dele a su cuerpo más tiempo para llenarse. Algunos consejos:

- Mastique bien su comida.

- Tráguese un bocado antes de ir por otro.

- Coma varios platos pequeños en vez de un enorme plato lleno. Probablemente sentirá que comió más, pero en realidad no fue así.

- Tenga una conversación relajada con amigos o la familia mientras come, pero nunca discuta nada intenso o decepcionante.

- Cómase primero la ensalada. Cuando llegue al plato principal lleno de calorías, ya no estará hambriento.

- No espere a estar demasiado hambriento. Cuando estamos muy, muy hambrientos, es difícil no comer demasiado deprisa.

5. Apague el detector de "gangas"

Los estadounidenses se han convertido en personas increíblemente hábiles en conseguir buenas ofertas, ya sea un tubo enorme de frutos secos por cinco dólares en un almacén de venta a granel o un fin de semana en Cancún por 199 dólares. Pero cuando comenzamos a pensar como negociadores con nuestra comida, podemos estar en problemas. Los buffet libres y las barras de ensalada no nos favorecen. Implantan en nuestra mente la idea de que cuanto más comamos por poco dinero, mejor trato es. Pero cuando comemos más de lo que necesitamos, el único trato que queda es un riesgo de padecer diabetes y enfermedades cardiovasculares.

Comprar grandes "paquetes familiares" también puede producir problemas en la gente. Si come una ración normal y congela el resto del paquete (o tiene una gran familia que alimentar), está bien. Pero si termina comiendo más de lo que normalmente comería o comiéndose las sobras del frigorífico "antes de que se pongan malas", entonces esa gran oferta no merece la pena. Como dice el viejo refrán: "Somos lo que comemos", y si no quiere que lo de "mejor cuanto más grande" sea aplicable también a sus hábitos alimenticios, entonces resista esa mentalidad cuando haga la compra.

Actúe

¿Cuál de las cinco acciones de esta clave adoptará para poder practicar el hecho de comer conscientemente? Escríbalo debajo, comprométase a hacerlo y empiece hoy.

_____

_____

_____

_____

_____

_____

_____

_____

_____

_____

_____

_____

_____

CLAVE
8
Domine su hambre espiritual

¿No sería bonito si pudiéramos controlar las personas y las circunstancias que nos resultan dañinas y encontrar una forma de evitar el dolor? Desgraciadamente, ninguno de nosotros tiene ese tipo de control. Nos encontramos con situaciones dolorosas. También tenemos que vivir las vidas que tenemos, y mediante una relación personal con Jesucristo podemos disfrutar de nuestra vida, al margen de si todas nuestras circunstancias nos son favorables o no.

Aunque no podemos controlar las circunstancias que nos afectan, podemos controlar lo que metemos en nuestro cuerpo. No hay duda de que algunas de las cosas que comemos, bebemos o inhalamos nos dan placer temporal, consuelo o alivio del dolor emocional que sentimos. Algunas personas meten alcohol o droga en su cuerpo para intentar sentirse mejor; otros usan la comida con el mismo propósito.

La mayoría de las personas conocen las adicciones al alcohol y las drogas. Pero las personas pueden volverse adictas a la comida con la misma facilidad, y las adicciones a la comida no tienen el mismo estigma que las otras cosas. A diferencia de esos otros vicios, la comida tiene un papel legítimo, incluso esencial, en la salud. Solo cuando llega a ser un abuso es cuando se convierte en un problema. Pero llegar a ese punto es realmente fácil.

La comida es fiable. A diferencia de algunos cónyuges, amigos o el buen tiempo, la comida siempre está ahí. Y ese es el problema. Siempre que sentimos el dolor emocional o el vacío espiritual, ya sea mediante la tristeza, la depresión o el aburrimiento, podemos fácilmente recurrir a la comida para nublar el dolor o llenar el vacío. En poco tiempo, confundimos nuestra hambre espiritual con hambre física, y la comida se convierte en nuestra solución inmediata cuando tenemos problemas como no sentirnos amados, queridos o seguros. Cuanto más intenten las personas tratar los anhelos espirituales con comida y otras sustancias que producen "bienestar", mayor será el clamor de su alma por alimento espiritual y mayor será su descontento o enfermedad.

Afortunadamente, tenemos otra fuente de consuelo que está siempre ahí cuando la necesitamos. A diferencia de la comida basura o las drogas, no deja a la gente con sobrepeso, enferma o aletargada. Ni siquiera cuesta nada. Ese algo es Dios. A Él se llama el "Padre de misericordias y Dios de toda consolación, el cual nos consuela en todas nuestras tribulaciones" (2 Corintios 11:3-4).

Cuando estoy dolida, he aprendido a correr primero a Dios en vez de a otra persona o a una sustancia. Tardé años en aprender a hacer esto, y aún hoy a veces tengo que recordarme en algunas ocasiones que lo que realmente necesito es alimento espiritual. Desarrollar este hábito ha sido bueno para mí y también lo será para usted. Hará más por mantener su mente y su cuerpo bien y su vida en un buen equilibro que cualquier otra cosa que conozca. Su espíritu necesita alimento al igual que su cuerpo. Le animo a no esperar hasta tener una crisis en su vida para comenzar a alimentar su espíritu, y tome la decisión hoy de crecer en su salud y fortaleza espiritual, igual que está mejorando su bienestar físico.

La hambruna espiritual de hoy

Hoy día, más gente que nunca está espiritualmente malnutrida. Demasiadas cosas en nuestra sociedad distraen a la gente de las cosas de Dios y les animan a concentrarse en cambio en la vida material. La gente se enreda en hacer dinero para comprar mejores casas y automóviles de último modelo o estar a la última en cuanto a las modas. Las familias cada vez viven más alejadas, lo cual elimina otra estructura de apoyo espiritual importante. El tiempo para la iglesia y los asuntos religiosos, incluso pasar un tiempo tranquilo en la naturaleza, se deja a un lado por nuestros programas ocupados y entretenimientos. La calmada voz de Dios se ahoga en el constante zumbido de la televisión o por intentar excesivamente estar al día con los amigos de Facebook.

Yo ciertamente no estoy inmune a las tentaciones que he mencionado. Vivo mi vida diaria en el entorno espiritual, pero tengo un trabajo dirigiendo un ministerio internacional y eso me puede dejar tan agotada como los trabajos de otras personas pueden dejarles. Los que estamos en el ministerio nos hemos comprometido a dejar nuestra vida de lado para servir a otros, y lo hacemos con alegría, pero eso no significa que sea fácil o emocionante todos los días. Tengo que estar realmente cerca de Dios para mantener mi espíritu nutrido y obtener mi entusiasmo de Él.

Sin importar lo que la gente haga para ganarse la vida o cuál crea que es su llamado en la vida, *todos* necesitamos estar cerca de Dios. Él es el único que puede darnos el consuelo, el alivio y la fortaleza que necesitamos. Si intentamos llenar nuestra necesidad de Dios con cualquier otra cosa, incluyendo la comida, seguiremos sintiéndonos vacíos y secos. Muchas adicciones vienen de estar espiritualmente hambrientos. Incluso las adiciones a la comida pueden estar arraigadas en problemas espirituales, no en ningún tipo de hambre física. Algunos de los síntomas clásicos de la adicción a la comida son los siguientes:

- Hartarse o hartarse y purgarse.

- Hacer tratos con uno mismo en cuanto a una adicción. Por ejemplo: "Si me como estas galletas hoy, mañana correré cinco kilómetros".

- Mentirse a uno mismo o a otros en cuanto a la cantidad que ha comido o en cuanto a sus hábitos alimenticios.

- Comer como una reacción inmediata al estrés.

- Comer de manera poco sana después de la muerte de un ser querido, la pérdida de un trabajo, el fin de una relación o algún otro acontecimiento traumático.

- Comer cuando no tiene ninguna otra cosa que hacer.

- Sentir que nada está completo si no se acompaña de comida.

- Sentirse peor en vez de mejor después de comer.

¿Por qué molestarse?

Si usted ha identificado una falta de nutrición espiritual en su vida, ¿por qué querría arreglarlo? ¿Qué bien haría conseguir la comida espiritual que necesita? ¿Cómo podría ayudarle con su adicción el hecho de crecer espiritualmente? Permítame explicarlo.

Si usted tiene una vida espiritual abundante, estará satisfecho con los momentos y experiencias de su vida y no necesitará suplementar esos momentos con ningún tipo de alimento. Piense en ello. Cuando camina por el campo en una noche veraniega y ve las luciérnagas, ¿acaso no es un momento reconfortante? Cuando aprieta la mano de su bebé recién nacido o su nieto por primera vez, ese es un momento rico y reconfortante. Ni siquiera piensa: *Es bonito apretar su mano, pero me sentiría mejor si me comiera una rosquilla.* No, está asombrado y completamente satisfecho, quizá incluso abrumado por el gozo. Ese momento está completo en sí mismo; no necesita nada más.

Cuando reciba el alimento espiritual que necesita, estará total y completamente satisfecho. Todos sus momentos estarán completos y no necesitará suplementarlos. No sentirá que le falta o que anhela algo más, y no le costará comer y beber solo lo que su cuerpo realmente necesite.

Cinco formas de alimentar su espíritu

1. Sea honesto

El primer paso para recibir el amor de Dios y la verdadera satisfacción es dejar de negarse a usted mismo (y a otros) que su problema es espiritual.

No puede seguir mintiéndole a Dios, así que ¿por qué molestarse en intentar engañarse a usted mismo? Durante años fui adicta a los cigarrillos, pero me decía a mí misma que seguía fumando para mantenerme delgada; no me admitía a mí misma que era adicta a la nicotina. La verdad es el camino para la satisfacción espiritual y la libertad, y ahora es el momento de empezar. Si lo necesita, admita que su espíritu no está consiguiendo lo que necesita de la vida. Cuando lo haga, Dios le mostrará cómo cambiar eso.

Algunas preguntas que le ayudarán a ser honesto con usted mismo: ¿Quién es usted? ¿Se ama y acepta a sí mismo? ¿Cuáles son sus valores más hondos? Las personas, el lugar de trabajo, las asociaciones o clubes, etc., ¿apoyan esos valores, o le mantienen alejado de su verdadero yo? Intente identificar las fuentes del vacío que le lleva a comer, fumar, beber alcohol en exceso o trabajar en exceso. ¿Qué desequilibrios están creando esas cosas en su vida? ¿Qué puede hacer para comenzar a llenar esas áreas vacías con actividades o personas que le ayudarán a alimentar su espíritu y conectarse con Dios?

Hacer cosas que sabe que no están bien es una gran fuente de depresión y descontento. Pídale a Dios que le ayude a ser honesto con usted mismo y con Él al comenzar a romper el poder

de las adicciones en su vida y encontrar su
realización y gozo en Él en vez de en otras cosas.

2. Pida

Dios le ama mucho y quiere ayudarle, pero también quiere que usted le pida ayuda. Un hombre
me dijo una vez que cuando se sentía abrumado,
levantaba una mano al cielo y decía: "Ayúdame,
Jesús". Eso realmente le ayudaba. Todos necesitamos saber que Dios oye el desalentado clamor
de nuestro corazón. Podemos dejar de intentar
hacer todo por nosotros mismos y pedirle ayuda
a Dios.

La próxima vez que se vea tentado a comer
porque está decepcionado o triste, diga "no" en voz
alta. Luego siéntese tranquilamente un momento y
pídale a Dios que le ayude en su situación. Se sorprenderá de la gran diferencia que eso supondrá
en su vida.

La gracia de Dios está siempre disponible para
asociarse con su decisión, y Él responde a nuestras peticiones sinceras de su ayuda. Cuando de-
cidimos hacer lo correcto y nos apoyarnos en Él
para recibir su fortaleza, su poder nos capacita
para continuar y experimentar la victoria.

3. Desplace sus malos hábitos

Los malos hábitos necesitan espacio para
funcionar. No mucho, son bastante astutos, pero

podemos aprender a no dejarles lugar donde arraigarse en nuestra vida. Una buena estrategia para mantener los malos hábitos a raya es reconocer cuáles son sus tentaciones y luego organizar su vida de tal forma que no tengan espacio para actuar. Llene su vida de tantas cosas positivas y espiritualmente reafirmantes que no haya espacio para nada más. Orar regularmente por las tentaciones y no esperar hasta que se vea tentado es sabio, y un plan de batalla agresivo. Jesús dijo que debíamos orar para "no entrar en tentación". Él no dijo que orásemos para no ser tentados nunca. La tentación es parte de la vida, pero la oración agresiva puede impedir que nos venza.

4. Programas de apoyo

Romper el hábito de anestesiar su hambre espiritual con comida u otras sustancias puede ser verdaderamente difícil. A muchas personas les resulta más fácil si tienen el apoyo de un grupo de personas que hayan estado ahí, que se puedan identificar con lo difícil que es y que estén intentando caminar en el mismo camino. Hay disponibles varios buenos programas por todo el país para ayudar a la gente a romper sus adicciones. Enseñan a la gente a admitir que sin Dios no pueden vencer la adicción, a creer que solo Dios puede restaurarles la salud y a tomar la decisión de entregar su voluntad y su vida al cuidado de Él. No todos se sienten cómodos encontrando alimento espiritual a través de grupos, pero muchos que eran escépticos al principio han descubierto el éxito de esta forma. Si ve que está luchando solo para conseguir avanzar en su vida, pruebe con algún grupo.

5. Dele algo de tiempo

El éxito instantáneo se produce muy raras veces, así que no planee tenerlo así. Cuando se separa por primera vez de una conducta destructiva, sentirá que hay un vacío en su vida. Se ha acostumbrado tanto a una mala conducta como parte de su existencia diaria, que no siente que es usted cuando se ha ido, incluso aunque sepa que está mejor ahora.

No se preocupe. El cambio es siempre difícil al principio. Como muchos quizá hayan oído, romper un mal hábito requiere de unos 30 días. Enfóquese en el buen hábito que está formando en vez del malo que está rompiendo. Comprométase con todas sus fuerzas al éxito, pero ámese a pesar de lo que ocurra. Tendrá algunos deslices, pero habrá más éxitos. Si mantiene su fe en Dios y cree que puede hacerlo, de repente llegará un día, quizá semanas después, cuando se dé cuenta de que las cosas le resultan mucho más fáciles. Ya no tiene que intentarlo con tanto empeño de manera consciente. Ha dominado su hambre espiritual finalmente y ha roto el ciclo adictivo en su vida.

Actúe

¿Cuál de las cinco acciones en esta clave adoptará para dominar su hambre espiritual y suplir sus necesidades espirituales? Escríbalo debajo, comprométase a hacerlo y comience hoy.

_____

_____

_____

_____

_____

_____

_____

_____

_____

_____

CLAVE
9

Libérese del estrés

Hay una droga peligrosa en nuestra sociedad. Esto es lo que le producirá tan solo una pequeña cantidad: pone su corazón en la quinta marcha, latiendo cuatro veces más de su ritmo natural. Hace lo mismo en sus pulmones. Comprime sus vasos sanguíneos y eleva su presión sanguínea hasta niveles peligrosos. Reseca su boca y cierra su estómago y sus intestinos. Drena la sangre de su rostro y piel. Revuelve su sistema inmune. Interrumpe su sueño, apaga su interés sexual y capacidad reproductora, ralentiza la sanidad y aumenta su riesgo de enfermedades periodontales, enfermedades cutáneas y enfermedades autoinmunes. Cierra la memoria a corto plazo y su pensamiento racional. De hecho, reduce parte de su cerebro e incluso le hace comer en exceso.

Suena mal, ¿verdad? Le apuesto a que iría por otro camino para mantenerse lejos de esta droga. Sin embargo, usted toma diariamente dosis de esta droga. Yo fui adicta a ella durante años. La droga es el cortisol, el más famoso de los glucocorticoides: las drogas del estrés. Y su cuerpo las fabrica diariamente.

Estresado

Cuando decimos: "He tenido un día estresante" o "Estoy estresado", queremos decir que no podemos relajarnos. Las cosas surgen durante el día, o se arrastran desde días previos, y demandan nuestra atención. Si suceden bastantes de esas cosas o no se resuelven, entonces no tenemos escapatoria, no podemos relajarnos y nos "estresamos".

El estrés es lo opuesto a la relajación. Físicamente, el estrés es la velocidad del cuerpo para manejar cualquier situación que surja. Hace esto enviando hormonas de estrés en todas direcciones. Cuando se produce una situación estresante, de sus glándulas adrenales salen cortisol y los otros glucocorticoides. De su cerebro sale la adrenalina (la cual los científicos llaman *epinefrina*) y hormonas relacionadas, que son mensajeras que corren por el cuerpo diciéndoles a todos sus sistemas, su corazón, músculos, piel y otros, lo que deben hacer. En el caso del estrés, el mensaje es: "Prepárense para la acción", también conocida como la respuesta de "lucha o huida".

En sí misma, la respuesta de lucha o huida no es algo malo. Es un gran sistema si tiene que salvar a un niño de un edificio en llamas o huir corriendo de un oso hambriento. Usted se pone híper alerta, súper rápido y rescata al niño o deja al oso bastante atrás. Tras unos minutos, su latido se reduce y la vida continúa.

Se alegrará de tener este sistema la próxima vez que se vea ante una emergencia, pero el cuerpo humano nunca fue diseñado para la vida del siglo XXI, cuando los momentos mentalmente estresantes son la norma y no la excepción. Todos los cambios que producen el cortisol y las otras hormonas del estrés en nuestro cuerpo ayudan mucho a corto plazo, pero pueden producirnos enfermedades serias, e incluso la muerte, si se producen todos los días. Y en la típica vida moderna, a menudo se producen no solo cada día sino cada hora.

Una guía para las enfermedades relacionadas con el estrés

El estrés ocasional es saludable, incluso estimulante. Sin embargo, el estrés crónico ni siquiera permite al cuerpo recuperarse, y lo mata lentamente porque aumenta la posibilidad de enfermedad y otras malas condiciones de salud. Veamos las distintas enfermedades que el estrés causa o agrava.

Enfermedades cardiovasculares

Quizá la manera más importante en que el estrés afecta a su cuerpo es aumentando el ritmo al que la sangre es bombeada por él. Esa es la única manera de llevar combustible, glucosa y oxígeno a los músculos cuando es necesario (o donde su cuerpo asume que se necesita). Para hacer esto, su corazón late más deprisa y sus vasos sanguíneos se comprimen para obligar a la sangre a que pase por ellos más rápido. Esto significa que su presión sanguínea sube mucho durante el estrés. Eso está bien si ocurre solo ocasionalmente, como durante el ejercicio. Pero si usted está estresado todo el tiempo, entonces esa presión sanguínea elevada también se mantiene alta durante mucho tiempo. Y eso no es bueno.

La tensión alta aumenta el latido en las paredes de sus vasos sanguíneos (especialmente en las Y donde un vaso se divide en dos). En cuanto las células que forman esas paredes se sueltan, el material en su sangre puede ir debajo de ellas y pegarse a la pared, formando un bloqueo. Estos bloqueos causan ataques de corazón y derrames cerebrales. No es de extrañar, entonces, que las personas con enfermedades del corazón sean *cuatro veces* más vulnerables a tener ataques de corazón si también tienen la tensión alta.

Diabetes

Cuando su cuerpo siente la alarma de sus hormonas del estrés, quiere enviar todo el combustible posible a sus músculos. ¿De dónde viene el combustible? De sus reservas de grasa. La adrenalina da la señal a sus células grasas para que envíen su grasa a su riego sanguíneo, donde se puede convertir en glucosa para sus músculos a fin de usarla como sea necesario. Durante los tiempos estresantes, su cuerpo intenta guardar tanta grasa y glucosa en su sangre como sea posible. Para hacer esto, ignora a la insulina, la cual está intentando forzar a la grasa y la glucosa a que se almacenen o que vayan al tejido muscular. (Los únicos lugares donde no ignora la insulina son en los músculos que se están usando en ese momento, los cuales necesitan toda la glucosa posible.) Como la resistencia a la insulina es el principal problema de un diabético, puede ver por qué el estrés lo empeora tanto.

Añadiéndose al problema, su sangre se espesa durante el estrés. Plaquetas extra se suman a su sangre, y las plaquetas son responsables de hacer que la sangre coagule. La sangre que coagula fácilmente es buena si su estómago está a punto de ser abierto por el bisturí de un cirujano o la zarpa de un oso, pero no si tiene diabetes o una enfermedad del corazón, porque es más probable que se creen bloqueos.

Subir de peso

Durante los primeros minutos de una situación estresante, la adrenalina de su cerebro suprime el hambre. Pero el cortisol de sus glándulas suprarrenales de hecho estimula el apetito, y el cortisol tarda más que la adrenalina en circular por su cuerpo y desaparecer, así que termina hambriento.

El trabajo del cortisol es tomar el control después de haber tratado una amenaza inmediata. Mantiene sus músculos y sentidos en alerta durante un rato porque la amenaza podría estar aún cercana, y le dice que *coma*. Como usted probablemente gastó muchas energías en el modo lucha o huida, ahora necesita repostar el combustible para estar listo para la próxima emergencia. El cortisol le hace estar voraz y almacena grasa con mayor facilidad, especialmente alrededor del abdomen.

Probablemente conoce la situación. Tiene un trabajo con mucho estrés, y durante nueve o diez horas al día se mueve a un paso extremadamente rápido, con un paso enfocado, sin pensar apenas en la comida. Quizá incluso se salta el almuerzo a mediodía. ¡No hay tiempo! Entonces, finalmente, llega a casa a las 8:00 de la tarde con comida china para llevar, y prácticamente la inhala. El estrés se ha ido (temporalmente), está rebobinando, su cortisol todavía es fuerte y ahora le dice que coma todo el menú completo, además del postre, y almacena esas calorías muy rápido. Por eso el estrés crónico es uno de los principales culpables de subir de peso.

Úlceras y trastornos digestivos

El lento proceso de convertir comida en su estómago en energía no entra en la categoría de "emergencia", así que cuando estamos ante el estrés, su cuerpo cierra la digestión. Cuando el estrés entra en su vida, la sangre se desvía del estómago y el intestino delgado hacia el corazón y otros músculos. Después, cuando el estrés desaparece, el cortisol dispara de nuevo la digestión.

Normalmente, su pared estomacal está revestida de una gruesa capa de mucosidad para protegerla del ácido clorhídrico que descompone la comida en el estómago. Pero cuando el estrés cierra frecuentemente su digestión, su cuerpo no se sincroniza para hacer que el moco cubra la pared estomacal, y usted sufre una dolorosa úlcera.

Sus intestinos también sufren cuando está bajo estrés. Aunque el estrés cierra el estómago y el intestino delgado, de hecho acelera el movimiento del intestino grueso para descargar el exceso de equipaje en preparación ante cualquier "huida" que pudiera ser necesaria. Cuando el estrés desaparece, este proceso se invierte. Pero así como mover su automóvil marcha adelante y marcha atrás puede lastimar su transmisión, el estrés normal que se enciende y se apaga también daña sus intestinos. Pueden hacer espasmos, causando o agravando enfermedades como la colitis y el síndrome del intestino irritable (SII).

Inmunidad

Cuando el estrés aparece, su cuerpo crea glóbulos blancos extra para luchar contra la infección. Y el cortisol saca a sus glóbulos blancos ya existentes de sus tareas rutinarias, como buscar células cancerígenas, y los envía a primera línea de combate para proteger contra la infección de cualquier herida que pudiera producirse durante el estrés. Esta es la versión de su cuerpo de movilizar a la guardia nacional. Después de una media hora de estrés, el cortisol comienza a reducir el número de glóbulos blancos que tiene en circulación. ¿Por qué? Si mantiene esos glóbulos blancos de la guardia nacional en alerta, corriendo por todo el cuerpo en busca de enemigos y no hay enemigos, finalmente comienzan a confundir sus *propias células* con enemigos y las atacan. Esto da como resultado las enfermedades autoinmunes: su propio sistema inmunológico atacándole.

El cortisol simplemente intenta hacer su trabajo reduciendo el número de glóbulos blancos cuando usted está bajo estrés. Pero hay un problema. Si el estrés continúa mucho tiempo, el cortisol sigue reduciendo sus glóbulos blancos hasta que su sistema inmune se queda sin ninguno. Con una inmunidad tan baja, usted de repente adquiere más resfriados y otras enfermedades con más facilidad.

Y como ocurre con muchos otros sistemas de

su cuerpo, un poco de estrés no es malo para su sistema inmune. Durante los primeros minutos de una situación estresante, usted siente una inyección de energía y es menos probable que atrape resfriados o infecciones. Pero enseguida, su contador de glóbulos blancos comienza a descender y sigue cayendo cuanto más tiempo continúe el estrés, dando como resultado un sistema inmunológico tremendamente frágil.

Envejecimiento general

Todos hemos visto lo que ocurre con la gente que sufre años de estrés. Su cabello se vuelve gris. Su piel amarillenta y arrugada. Todo, desde sus ojos a su tono muscular, parece "no estar bien". A estas alturas, debería entender por qué. El cortisol le dice al cuerpo que deje todos los proyectos a largo plazo y utilice todos sus recursos para sobrevivir a corto plazo.

Uno de los proyectos más a largo plazo en el cuerpo es la reparación general de células que se produce todo el tiempo y ayuda a las personas a verse y sentirse jóvenes. Su cuerpo usa la proteína de su dieta para reparar esas células y el ADN de las células. Bajo el estrés crónico, su cuerpo deja de reparar sus células y aumenta el uso de la proteína como una fuente extra de combustible para "luchar o huir". Todos los proyectos de mantenimiento cesan. Esto explica por qué la gente que soporta un estrés a largo plazo parece deteriorada. Están hechos pedazos a nivel celular. Reducir el estrés, el ejercicio regular y comer saludable frenará el ciclo de envejecimiento, y podrá usted parecer más joven de lo que es en vez de mayor de lo que es.

Otras enfermedades

Piense en cualquier cosa mala que pueda sucederle al cuerpo y el estrés lo intensificará. El estrés causa depresión al dejar de lado sus niveles de serotonina. Tensa sus músculos (lo cual es útil si se está preparando para luchar o huir), lo cual lleva a todo, desde dolor de espalda a migrañas (causadas por tener tensos los músculos de la cabeza). Como mencioné antes, apaga funciones cerebrales más altas y la memoria para que se pueda concentrar en las reacciones rápidas e instintivas al estrés; además, el estrés crónico de hecho *reduce* la parte del cerebro que alberga la memoria. Aumenta la enfermedad periodontal porque su sistema inmune no lucha tan bien contra los gérmenes que producen la enfermedad; frena el crecimiento en los niños; inhibe la reproducción tanto en hombres como en mujeres.

Una consecuencia obvia del estrés es que hace que dormir sea muy difícil. Dormir es algo muy opuesto al estrés. Para dormir, debe relajarse, y la relajación es casi imposible con todo ese cortisol corriendo por su sangre, acelerando su ritmo cardiaco y sus pulmones. Pero la falta de sueño en sí misma causa muchas de las mismas enfermedades que el estrés. Así que el resultado es un círculo vicioso de estrés produciendo falta de sueño, y la falta de sueño produce más estrés.

¡Es el tiempo de que salga de ese círculo vicioso! Hoy, si quiere vivir sin cargas peligrosas de estrés, debe tomar la decisión de hacerlo. Tendrá que saber qué hacer y cómo hacerlo. Aquí tiene algunas ideas para comenzar.

Cinco formas de liberarse del estrés

Veo que muchas personas asienten con su cabeza y están de acuerdo con la idea de que el estrés es malo y que debería reducirse en sus vidas, pero no hacen mucho al respecto. Espero que las explicaciones de este capítulo le dejen claro que el estrés no es un inconveniente; el estrés es mortal. Usted *no puede* llevar una vida plena y recta si el estrés está quebrantando sus emociones y su espíritu.

Sé de lo que estoy hablando. Durante años, me arruinaba el estrés. Estaba enferma y extremadamente cansada todo el tiempo. Mi horario era una locura y mi mente nunca dejaba de removerse. Hacía tanto cada día y trabajaba hasta tan tarde cada noche que no podía calmar mi sistema lo suficiente como para dormir bien. Me enojaba emocionalmente de manera regular. La mayoría del tiempo estaba estresada por mi horario, y a la vez yo era quien confeccionaba ese horario, así que no podía culpar a nadie más que a mí. Yo era la única que podía cambiar mi horario, pero me costó años de penurias llegar al punto de poder hacerlo.

Cuando termino de ministrar en un conferencia, estoy cansada física, mental y emocionalmente. Durante años, salía de reuniones donde el Espíritu de Dios se movía con gran poder, y me iba a casa y tenía una mala actitud. Sentía lástima de mí misma, me enojaba y me apartaba de la gente a mi alrededor, lo cual es todo ello una mala conducta.

Ahora, después de una conferencia dedico algún tiempo a eliminar el estrés. Descanso siempre, pero lo hago también haciendo algo que realmente disfruto. Consigo una comida caliente buena y saludable. O me compro algo bonito o veo una buena película, mientras acaricio a mi perro. A veces me dan un masaje porque es un gran alivio contra el estrés. Sea lo que sea, sé que no regresaré a trabajar hasta que haya eliminado el estrés de mis responsabilidades en la conferencia. Quiero enseñar la Palabra de Dios durante el resto de mi vida, la cual oro que sea larga. Para poder hacerlo sé que tengo que tener periodos regulares para liberarme del estrés en mi vida. Se ha convertido en una necesidad para mí en vez de una opción. De hecho, siento que estoy pecando si no descanso regularmente, porque sé lo que eso provoca en mi cuerpo y en mi salud general, ¡y creo que debo glorificar a Dios con todo mi ser!

Este es tan solo un ejemplo de mi vida. Puedo pensar en muchos otros, y estoy segura de que ya conoce formas en que funciona para usted, aunque el hecho de que lo esté haciendo o no es otro asunto distinto. Ahora que sabe lo mucho que puede enfermarle el estrés, la próxima vez que sienta que su cuerpo comienza a trabajar como loco, espero que haga algo que lo alivie. Aquí tiene algunos métodos clásicos contrastados.

1. Apoyo social

Los estudios muestran que el aislamiento social lleva a niveles elevados de cortisol. Somos seres sociales, y pasar tiempo con otras personas con las que nos gusta estar es una de las mejores formas de hacernos sentir bien y relajados. Varias válvulas de escape sociales están bien según cada persona; tan solo asegúrese de tener *alguna*. Mis sugerencias:

- Familia y amigos
- Iglesia
- Grupos y clubes

2. Terapia de no hacer caso

Hay algunas cosas que usted puede controlar en la vida: su elección del trabajo, sus amigos, su ingesta de café y la cantidad de horas de sueño. Hay otras que no puede controlar: lo que la gente dice y hace, la fluctuación del mercado monetario o el neumático pinchado que encontró esta mañana. Cómo reacciona a cosas que no puede controlar le ayuda a decidir su nivel de estrés y calidad de salud. La gente que regularmente se enoja por cosas menores sufre de muchas formas. A la gente que no hace caso a tales cosas le va mucho mejor. La Biblia llama a esto "echar su ansiedad", que simplemente significa dejar que Dios se encargue de sus problemas en vez de lidiar con ellos usted solo (1 Pedro 5:7).

No hacer caso a algo no significa que lo ignore o sea indiferente a ello; solo significa reconocer que no hay nada que usted pueda hacer para cambiar la situación en ese momento en particular. El neumático pinchado ya está pinchado. Lidiar con ello llamando a la grúa o remolcador de autos del seguro tiene sentido; montar una rabieta y darle patadas a la rueda no.

Abordar la vida con un enfoque de bajo estrés es no hacer caso a estas cosas. La vida es así. Dios obra de formas misteriosas. Si confía en que Él se encargará de las cosas, navegará por las profundidades de la vida con un nivel bajo de cortisol, y eso le mantendrá más saludable y en paz.

3. Encuentre su elemento, y manténgase ahí

Mi esposo una vez hizo una de las cosas más sabias que jamás he visto. Antes de que él y yo entrásemos en el ministerio a tiempo completo, él trabajaba como ingeniero. Una vez, le ofrecieron un ascenso que incluía un aumento de sueldo y mucho prestigio. Pero lo rechazó.

Dave explicaba que había observado a los otros hombres en ese cargo. Tenían que viajar mucho y estaban constantemente cargados con fechas límite irrazonables que les ponían bajo un tremendo estrés. "No es así como quiero vivir", dijo Dave.

En su lugar, Dave escogió una posición que le permitía mantener sus principales valores, compromiso con la familia y comodidad consigo mismo, en vez de ir en pos del poder corporativo para que otros le admirasen.

¿Por qué escogería alguien un salario mayor para tener que gastárselo en facturas médicas para aliviar enfermedades relacionadas con el trabajo inducidas por el estrés? El estrés laboral provoca tantas enfermedades en este país como comer en exceso y la falta de ejercicio. Al igual que esas cosas, mata.

Todos queremos más dinero, y cuando lo tenemos vemos que no cambia mucho las dinámicas básicas de nuestras vidas. Quizá conducimos mejores automóviles o comemos en mejores restaurantes, pero seguimos siendo las mismas personas básicamente, y nuestro nivel de felicidad realmente no aumenta. Los fundamentos más importantes de la felicidad a largo plazo están en tener una buena relación con Dios, una buena salud, una buena vida familiar, un trabajo satisfactorio y no estresarse demasiado, y suficiente dinero para no tener que preocuparnos de las finanzas. Todo lo demás viene por añadidura. El dinero es una consideración importante y podemos hacer que algunas cosas en la vida sean más fáciles, pero recomendaría a las personas que no acepten cualquier trabajo solo por el dinero si les estresará más o les hará ser menos felices en el día a día.

Quizá esté en una posición que no le haga feliz y necesite hacer un cambio. Quizá esté orgulloso de su posición, pero si le roba su salud, considere dejarlo lo antes que pueda. Si sus superiores le faltan al respeto constantemente, o bien háblelo con ellos o piense en encontrar trabajo en otro lugar. Sea lo que sea que le esté causando su alto estrés, haga lo que esté a su alcance para eliminarlo a fin de que pueda evitar los efectos negativos que el estrés producirá en su salud y en su vida.

Creo que podría haber mucha más felicidad y menos estrés en el mundo si la gente apartara un tiempo para descubrir cuáles son sus elementos naturales y mantenerse en ellos. Su elemento le está esperando en algún lugar; si no está en él, vaya a encontrarlo. Jesús vino para que "tengan vida, y para que la tengan en abundancia" (Juan 10:10). Haga lo que sea necesario para asegurarse de disfrutar plenamente la vida que Él le ha provisto para usted.

4. Nutrición, suplementos y dieta

Lo que pone físicamente en su cuerpo tiene un impacto enorme en su nivel de estrés. El ejemplo más obvio es la cafeína. Una taza de café es una taza de estrés: acelera su respiración y latido cardíaco, tensa sus músculos, afina sus sentidos y más cosas. Ninguna otra cosa tiene el efecto obvio e inmediato sobre el estrés que la cafeína, pero otros aspectos de la nutrición pueden ser muy importantes para regular su estrés. Una taza de café, o quizá dos al día, no es malo en sí mismo, pero tiene que comer adecuadamente y hacer otras cosas para mejorar su salud. Recuerdo cuando bebía siete u ocho tazas de café al día y fumaba un paquete y medio de cigarrillos. Me pasaba casi todo el día sin comer y luego comía una cena copiosa por la noche. Casi siempre estaba haciendo alguna dieta relámpago. En ese momento de mi vida, aunque era cristiana, era espiritualmente deficiente y vivía por las emociones. No es de extrañar que me sintiera muy mal constantemente. Cuando iba al doctor esperando recibir alguna pastilla que me hiciera sentir mejor, él siempre me decía que mi problema era que tenía demasiado estrés. Ese diagnóstico siempre me enojaba porque no quería admitir que no estaba haciendo un buen trabajo en cuanto a administrar mi vida.

Una de las primeras cosas que hice para ayudarme fue comenzar a tomar suplementos nutricionales y vitaminas. También estudié sobre estrés, nutrición, comida, descanso y otros aspectos del manejo de la salud. Aprendí que una dieta alta en proteínas evita el efecto de estado de ánimo cambiante de las subidas y bajadas de azúcar en la sangre que produce una dieta alta en carbohidratos. Los suplementos nutricionales y las vitaminas también son importantes. Al aumentar su metabolismo, el estrés le hace quemar ciertas vitaminas a un paso acelerado, particularmente la vitamina C y la vitamina B. Si está bajo un gran estrés, asegúrese de tomar dosis extra de estas vitaminas en su alimentación o mediante suplementos. Quizá tenga que experimentar para encontrar los suplementos nutricionales adecuados para usted. Existen varias opiniones acerca de la seguridad y eficacia de muchas de las hierbas y suplementos de venta libre. Aunque han sido buenos para mí, debería consultar a su médico antes de probarlos, y asegurarse si los consume de que contengan ingredientes buenos y de calidad.

5. Técnicas de relajación

La relajación no es egoísta. No es vaguear. Es una manera de recargar sus baterías, física, emocional y espiritualmente, para que pueda llevar a cabo sus responsabilidades a pleno rendimiento mañana. Logrará más durante sus días, vivirá más y más saludablemente, y disfrutará más de la vida si dedica un tiempo a tratarse. Hay muchas formas de hacer esto. Estas son algunas de mis favoritas:

- **Juego.** Los adultos necesitan jugar tanto como los niños, y por las mismas razones. El juego es una manera excelente de relajarse; obtiene la diversión de la creatividad y el desafío sin la presión, porque no hay "repercusiones" basadas en su desempeño. Escoja una actividad de juego que sea muy divertida para usted y que sea una total distracción y escape del resto de su vida.

■ **Risa.** "Gran remedio es el corazón alegre", dice la Biblia, "pero el ánimo decaído seca los huesos" (Proverbios 17:22, NVI). Reírse en tono amistoso de usted mismo y de los altibajos de la vida es una gran práctica de reducción de estrés. Cuando escoja su siguiente libro o video, intente que sea uno que le haga reír; la vida no puede ser un drama constantemente.

■ **Ejercicio.** Ya he hablado en profundidad del ejercicio, así que no emplearé mucho tiempo aquí. Tan solo sepa que es probablemente la mejor forma de quemar estrés.

■ **Sueño.** Al comienzo del mundo, Dios dividió la luz de las tinieblas e hizo el día y la noche. Esto se debe a que hay un tiempo para trabajar y un tiempo para dormir. Debemos parar cada día y dedicar un tiempo a descansar y recargarnos. No intente robar de este tiempo, sino recíbalo. Su cuerpo de hecho le dirá lo que necesita si le escucha. Durante años, yo lo ignoré. Presioné, y presioné, y presioné hasta que finalmente mi cuerpo dijo: "Estoy cansado de que me presionen más allá de unos límites razonables.

Ya no voy a seguir cooperando". Y se rompió. Ahora cuando mi cuerpo me dice que necesita descansar, descanso. Si tengo sueño, duermo una siesta. A veces, diez minutos es suficiente para refrescarme. Conseguir el sueño y descanso apropiados hará maravillas para reducir el estrés en su vida.

- **Oración.** La oración es simplemente hablar con Dios. Algunas personas buscan tiempo con Dios por la mañana o por la noche porque es el mejor método de nutrir con calma y enfoque, pero puede intentar hacerlo en pequeñas dosis también. Siempre que las cosas empiecen a parecer abrumadoras en el trabajo (o en cualquier lugar, de hecho), deténgase y pídale a Dios que le renueve. Respire hondo unas cuantas veces y deje que su mente se calme. Sea deliberado en esto porque hará mucho para aliviar su estrés y restaurar su paz. Hable con Dios durante todo el día acerca de todo. Él está interesado en cada aspecto de su vida y en todo lo que le atañe.

- **Masaje.** Nada me hace sentir mejor que un masaje. ¡Y sentirse bien es salud en sí mismo! El masaje no solo alivia y relaja los músculos doloridos, sino que también rebaja la tensión sanguínea y el latido cardíaco, libera endorfinas en el cerebro, saca las toxinas de los músculos, mejora el flujo sanguíneo y aumenta la relajación.

- **Otras ideas.** Relájese con música, tome un baño caliente a la luz de las velas o camine por un bosque en otoño. Usted sabe cómo le hace sentir la relajación, y sabe cuándo le está ocurriendo. Cada persona se relaja de una manera. Dave se relaja jugando al golf y mi hijo disfruta haciendo snowboard, pero nada de eso me relajaría a mí en absoluto. Descubra qué es lo que le relaja y haga de la relajación una parte intencional de su vida diaria. Sobre todo, revise su estado emocional. Sus emociones son válidas, y si están desequilibradas, necesitan algo de cuidado por su parte.

Actúe

¿Cuál de las cinco acciones de esta clave adoptará para reducir el estrés en su vida? Escríbalo debajo, comprométase a hacerlo y comience hoy.

_____

_____

_____

_____

_____

_____

_____

_____

_____

_____

_____

_____

CLAVE
10

Viva con la visión correcta

Para llegar a cualquier sitio, tiene que saber a dónde va. Quizá no conozca la ruta exacta que le lleve, pero al menos tiene un objetivo en mente. Si está conduciendo de St. Louis a Nueva Orleans, tiene una meta y muchas maneras de lograrlo, desde sistemas de GPS hasta leer mapas o detenerse y preguntar. Por otro lado, si solamente se sube a su automóvil en St. Louis y conduce sin tener ni idea de a dónde va, probablemente termine perdido y quizá lejos de su destino deseado.

Antes de que cualquiera de nosotros pueda lograr la victoria en cualquier área de su vida, tiene que pasar de "desear" a actuar. En su esfuerzo por disfrutar la vida buena y saludable que usted merece, necesitará tener una visión de su objetivo. Para desarrollar esa visión, puede comenzar preguntándose cosas como estas: "¿Cómo será mi vida cuando esté comiendo bien, y me sienta bien, a gusto y feliz?". "¿Qué aspecto tendré?" "¿Qué tipo de actividades llenarán mis días?" Solo cuando tiene una visión del nuevo yo puede comenzar a hacer los planes necesarios para lograrlo. Pregúntese si sus actuales acciones le ayudarán a alcanzar su destino deseado, y sea honesto en su evaluación.

Dios quiere que comience a progresar hacia sus metas, pero antes de poder hacerlo debe tener una imagen clara del buen futuro que Él tiene preparado para usted y de las metas que le ayudarán a llegar allí. Si se enfoca en sus decepciones pasadas y deja que le influyan de manera negativa, le costará mucho escapar de ellas. Quiero animarle a hablar de su futuro, no de su pasado. Hable del nuevo usted en el que se está convirtiendo.

Cada persona exitosa comienza visualizando su éxito. Todos necesitamos un sueño que alcanzar. Si puede desarrollar la visión correcta para su vida, puede lograrla. Ahora que ha aprendido en este libro los recursos que necesita para convertirse en una persona exitosa por dentro y por fuera, a parecer y sentirse como una, y a tener buena salud y una buena vida, es la hora de desarrollar la visión que necesita para su vida y decidir dónde se dirige a partir de este momento. Aquí tiene algunas ideas para ayudarle.

Cinco maneras de desarrollar una visión correcta

1. Piense (y declare) su realidad para que exista

"Manifestar su realidad" suena como algo de un curso de autoayuda contemporáneo, pero el concepto de hecho viene de la Biblia, en Proverbios 23:7: "Porque cual es su pensamiento en su corazón, tal es él". Me gusta decirlo de esta forma: "Donde va la mente, el hombre sigue". Los pensamientos positivos son precursores de una vida positiva.

Lo que usted piense depende de usted. Puede escoger sus propios pensamientos y debería hacerlo con cuidado, porque tienen un poder creativo. Los pensamientos se convierten en palabras y acciones. Si no rechazamos los malos pensamientos, finalmente convertiremos esos pensamientos en malas palabras y acciones que no agraden a Dios. Los mismos principios funcionan con los buenos pensamientos. Si los recibimos, nos llevarán a palabras y acciones positivas.

Tenemos más que ver con el rumbo que toman nuestras vidas que lo que nos gustaría admitir. Aprender a pensar bien es obligatorio para tener una buena salud. Los pensamientos afectan a las emociones, y los pensamientos y las emociones afectan ambos al cuerpo. Cuando comenzamos a pensar y hablar de formas saludables y correctas, nos ayudamos a avanzar hacia la visión que Dios nos ha dado para nuestra vida.

Le animo a tomar la decisión ahora mismo de tener una mente saludable que tenga pensamientos correctos. Renovar su mente requerirá algo de tiempo y esfuerzo. Tendrá que aprender formas nuevas y positivas de pensar, pero esas nuevas formas serán la clave para un gran futuro. Una de las mejores formas que conozco de tener pensamientos correctos es leer y meditar en la Palabra de Dios. Si permite que su Palabra moldee sus pensamientos, también moldeará su vida.

Otra práctica excelente es crear una visión de su yo ideal. Llevar esta visión en su cabeza y asumir el papel de su yo ideal como si estuviera representando una obra de teatro. Diga y haga las cosas que haría su "yo ideal", en vez de lo que hace su "yo actual". Pronto se convertirá en esta persona ideal y dejará de actuar. Si nunca ha sido una persona disciplinada pero le gustaría serlo, entonces deje de decir: "Yo no soy disciplinado", y empiece a decir: "Yo soy una persona disciplinada". En cuanto a su bienestar físico, diga: "Tengo un gran aspecto, me siento genial, como bien. Me encanta hacer ejercicio y tengo mucha energía".

Empiece haciendo una obra de palabra. Describa las actividades de su yo ideal, su aspecto físico, sus valores, etc. Hágalo específico, que parezca lo más real posible. Escribir sus metas ayuda a traerlas al mundo real y a establecerlas. Tenga su visión y una lista de sus metas a mano para poder consultarla periódicamente a fin de ver cómo lo está haciendo.

Su lista de metas puede servir como peldaños en su camino a convertirse en su yo ideal. Establezca metas que se enfoquen en vivir saludablemente y en su bienestar. Por ejemplo: "Perderé 12 kilos" no es una meta saludable porque pone el énfasis en la báscula en vez de en su estilo de vida. "Controlaré mis raciones y haré ejercicio todos los días" es una gran meta, y perder tres kilos este mes como resultado es una buena meta a corto plazo. Asegúrese de que sus metas sean parte de una visión saludable y estará bien encaminado hacia una vida saludable.

2. Gestione sus sentimientos

Todos tenemos emociones y debemos aprender a manejarlas. Las emociones pueden ser positivas o negativas. Pueden hacernos sentir maravillosamente o terriblemente. Pueden emocionarnos y entusiasmarnos o entristecernos y deprimirnos. Son una parte esencial del ser humano, y eso está bien. Desgraciadamente, la mayoría de las personas viven según sus sentimientos. Y eso no está bien, porque los sentimientos no son sabios.

Dios nos ha dado sabiduría, y deberíamos caminar en ella, y no en nuestras emociones. La sabiduría incluye el sentido común; conlleva tomar decisiones ahora, basados en el conocimiento que actualmente tenemos, que nos dejen satisfechos después. La sabiduría incluye discernimiento, prudencia, discreción y muchas otras grandes cualidades.

Cuanto más saludables estamos, mejor podemos caminar en sabiduría porque más estables serán nuestras emociones. Las personas saludables pueden manejar las decepciones mejor que quienes no están saludables. Pueden mantenerse estables en medio de las tormentas de la vida. Pero cuando el cuerpo de las personas ya está agotado, sus emociones decaen al primer síntoma de que algo va mal. Cuando yo comía mal, no dormía y vivía en un constante estrés, estaba dominada por mis emociones. He aprendido de primera mano que cuando las emociones han estado bajo una gran presión, necesitan tiempo para sanar al igual que le sucede a un hueso fracturado o cualquier otra lesión.

Me parece que a veces muchas personas en el mundo están enojadas y muchas más están tristes. Las cosas son bastante malas cuando la gente tiene que ir a una clase por una "riña de carretera". He llegado a pensar que puede que parte de esta epidemia emocional sea dietética. La mayoría de las personas sencillamente no se dan cuenta de que su bienestar emocional está relacionado con lo que comen. Gracias a Dios que ya no tenemos que ser como "la mayoría de las personas". Mediante una educación apropiada y un deseo de tener salud toda la vida, podemos ser liberados de la esclavitud hacia una vida saludable, feliz y pacífica.

Para gestionar nuestras emociones y nuestra vida tenemos que pedir la sabiduría del cielo; pero para tener la claridad de mente para recibir la sabiduría del cielo ayuda tener un cuerpo sano basado en una buena nutrición.

3. Suponga lo mejor

Podemos arruinar rápidamente un día con una forma equivocada de pensar. Las amistades se destruyen por pensar mal. Los tratos empresariales salen mal. Los matrimonios se rompen. Es muy fácil concentrarse en todo lo que está mal en lugar de lo que está bien en una persona o situación. Cuando hacemos eso, pronto nos encontramos queriendo alejarnos de esas personas o circunstancias cuando lo que realmente necesitamos es escapar de nuestras propias mentes negativas.

Tenemos que reemplazar la suspicacia y el temor por la confianza. La confianza engendra más confianza. Confiar en otros, y especialmente confiar en Dios, nos ayuda a mantenernos saludables en cada aspecto de nuestro ser. Cuando confiamos, estamos relajados y en descanso.

Esto es el viejo sentido común. Piense en el siguiente ejemplo. Va caminando por una calle conocida y un hombre enojado sale de su casa con un pit bull ladrando con una correa y masculla: "¿Qué está usted haciendo en mi jardín?". Usted piensa: ¿Quién es esta *persona enojada*?, y usted actúa igualmente con enojo y sospecha, diciéndole que se meta en sus asuntos. Su hostilidad le llega de regreso como un bumerang y probablemente eso le hace ser incluso menos amigable. Que usted se comportara como él no ayuda a nadie. Por el contrario, si puede de algún modo mirar más allá de sus sospechas (quizá le robaron recientemente o ha sufrido una gran tragedia en su vida) y actúa de forma amigable y relajada con él, es bastante más probable que él también se relaje, y tendrá una interacción agradable que mejorará su día y el de él también.

4. Arregle las pequeñas cosas

¿Alguna vez ha salido a desayunar con alguien cuyo desayuno costó ocho dólares y usted le vio torturarse con la propina? Tiene dos billetes de dólar de cambio, pero piensa que dejar solo un dólar sería mezquino. Sin embargo, ¿deja dos dólares? No. Decide que sería demasiado. En su lugar, malgasta diez minutos de su vida consiguiendo cambio para ese segundo billete de dólar para poder dejar un dólar y medio y ahorrarse 50 centavos, en vez de dejar una propina "excepcionalmente generosa" de dos dólares.

¿Qué ocurriría si dejara los dos dólares? Hubiera

ahorrado algo de tiempo, tiempo indudablemente más valioso que los 50 centavos. Y hubiera alegrado al camarero. No creo que los 50 centavos signifiquen mucho para el camarero tampoco, pero el mensaje que va con esos 50 centavos significa mucho. Dice gracias, y comunica que el trabajo del camarero tiene valor. Quizá este mensaje se pierda, quizá los camareros simplemente recojan las propinas sin tan siquiera contarlas, pero la persona generosa siempre será bendecida. Sabrá instintivamente que ha hecho lo mejor. ¡Qué oportunidad! ¡Podemos aumentar la felicidad de otros y la nuestra con un poco de monedas!

Este es tan solo un diminuto ejemplo de las muchas formas en que las pequeñas cosas tienen repercusiones sorprendentemente poderosas. Las pequeñas cosas establecen el tono de nuestros días. Recorrer la milla extra por la gente, ya sea con una propia ligeramente más grande, un cumplido o un regalo inesperado, o incluso sujetando una puerta para alguien, nos cuesta muy poco y nos da mucho.

Hay muchas otras formas de hacer bien las pequeñas cosas. Haga todas las pequeñas cosas que una persona de sinceridad, fe, respeto por sí mismo y excelencia haría. ¡Haga lo que Jesús haría!

5. Sea parte de algo mayor que usted mismo

Tendrá mucho más éxito en todos sus empeños si los hace con algo que no sea *usted*. Nada puede hacer que su visión sea "mejor" que saber que está viviendo para la gloria de Dios y en el poder de su Espíritu. Ya sea trabajando con los menos afortunados que usted, ayudando a niños a ser adultos fuertes y felices, o extendiendo las buenas nuevas por todo lo largo y ancho, nada es más reconfortante o hacer lo correcto es más llevadero que saber que usted es parte de la mayor visión de todas.

Actúe

¿Cuál de las siguientes cinco acciones en esta clave adoptará para poder desarrollar la visión correcta y las metas para su vida? Escríbalo debajo, comprométase a hacerlo y comience hoy.

_____

_____

_____

_____

_____

_____

_____

CLAVE
11
Hágalo fácil

¡**F**elicidades! Ha superado las partes más desafiantes del libro, y sigue ahí. Ahora tiene los recursos y consejos que necesita para llevar una buena vida con buena salud, por dentro y por fuera. Si es una persona de pasión, como yo, probablemente está a punto de entrar en su nuevo estilo de vida, de adoptarlo todo lo más rápido posible. Si este es el caso, entonces mi propósito para escribir este libro se ha cumplido.

Pero permítame ser la primera en decir: "*¡Cuidado!* Vaya despacio. Si usted deja este libro, se pone las zapatillas de deporte e intenta caminar ocho kilómetros al día mientras hace un pollo de corral salteado para cenar, bebiéndose ocho vasos de agua y leyendo cinco capítulos de la Biblia al día, probablemente se agobiará.

La mayoría de los seres humanos lo queremos todo rápido, pero Dios no tiene prisa. Él está en esto con usted a largo plazo. Él le librará de todas sus ataduras poco a poco (Deuteronomio 7:22). Lleva tiempo hacer de nuestra vida un auténtico lío, y también llevará tiempo ver que las cosas comienzan a dar la vuelta. No se trate con demasiada dureza, especialmente al principio. Tiene mucho que aprender y absorber. Hay una razón por la que le animé al comienzo de este libro a tomarse su tiempo al actuar en las sugerencias al final de cada clave. Al margen de que sienta o no la necesidad de hacer las cinco o simplemente escogiera una o dos, sea paciente a la hora de establecer estos hábitos para que lleguen a formar parte de un estilo de vida saludable a largo plazo, no solo cosas que hace durante unas semanas o meses. En cada clave, las cinco son importantes, pero no tiene que hacerlas todas a la vez.

El favor más grande que se puede hacer a usted mismo es no poner el listón demasiado alto al principio. Si tiene expectativas poco realistas, probablemente terminará desanimado. La gente que intenta arreglarlo todo en una semana a menudo abandona. Recuerde: ¡estos cambios deben ser para toda la vida!

No hay necesidad de ponerse al límite de su capacidad a menos que esté entrenando para las Olimpiadas. Mejorará simplemente haciendo las cosas correctas regularmente. Y la única manera de hacerlas regularmente es comenzando despacio, edificando una mejor salud día a día. Cuando una cosa se convierta en una parte natural de su vida, entonces avance a la siguiente y no se sentirá abrumado y querrá abandonar.

Esta nueva manera de vivir puede que no sea fácil al principio. Siempre que rompemos antiguos hábitos y establecemos otros nuevos que son buenos para nosotros, supone un desafío. Definitivamente tendrá que resistir la tentación de abandonar y estar dispuesto a proseguir durante estos tiempos cuando su progreso no va todo lo rápido que le gustaría. Estoy diciendo que puede hacérselo todo lo fácil que pueda.

No tiene por qué ser difícil

Puede hacer varias cosas para que su nuevo estilo de vida sea un ajuste relativamente poco doloroso. De hecho, es bueno comenzar pensando temprano en el contexto donde introducirá sus nuevos hábitos. Por ejemplo, si va a comenzar a andar un kilómetro al día, ¿cuándo lo va a hacer? Intente escoger una hora en la que no sienta la presión de algún otro aspecto de su vida. ¿Dónde lo va a hacer? ¿Lo va a hacer solo o con alguien más? Organizar su vida para que sus nuevos hábitos de salud encajen bien es un aspecto clave para un compromiso a largo plazo.

Permítame hacerle unas cuantas preguntas para que empiece a pensar en la dirección correcta. ¿Cómo puede introducir un refuerzo positivo en su plan? ¿De qué formas puede eliminar la tentación de fracasar? ¿Hay personas con las que pueda hacer equipo que puedan ayudar apoyando sus metas? ¿Debería salirse de ese club del postre al que ha pertenecido durante dos años? ¿Puede planificar unas vacaciones que se enfoquen en la salud y el ejercicio o en la relajación y el refrigerio espiritual?

Si somos serios al respecto, hay innumerables formas en que la mayoría podemos arreglar nuestras vidas para conseguir que el éxito sea más fácil que el fracaso. Sé que usted puede hacerlo. Creo que le esperan grandes cosas y le estoy animando.

Cinco formas de hacer que el éxito sea fácil

1. Dé pasitos cortos

Para caminar un kilómetro y medio hay que dar unos dos mil pasos. No hay otras opciones o atajos. Cada uno de esos pasos es un diminuto éxito que le acerca más a su objetivo. En el capítulo anterior escribí acerca de la importancia de poner su vista en sus sueños y metas, y ahora quiero recordarle lo esencial que es dividir esas metas en pasos prácticos.

Si se concentra solo en sus metas finales, es fácil perderse a mitad del camino. Planifique sus metas a corto plazo para que tenga algo a su alcance a lo que apuntar. Escríbalos para que sepa si lo está consiguiendo o no. Por ejemplo, si su meta final es caminar cinco kilómetros al día, cinco días a la semana, puede comenzar con solo un kilómetro tres días a la semana. Haga lo que *crea* que puede hacer. A la semana siguiente, puede probar con dos kilómetros cada uno de los tres días, y así sucesivamente, subiendo sus logros lentamente sin arriesgarse al fracaso y la decepción. Asegúrese de aceptar sus pequeñas victorias. Las pequeñas victorias engendran otras más grandes. Recuerde: no tiene nada que demostrarle a nadie salvo a usted mismo. Alcanzar metas realistas a corto plazo le animará a seguir hacia el premio mayor.

2. Ríase de los reveses

Por muy cuidadosamente que planifique su progreso, tendrá reveses. Es parte de la vida. Una gran diferencia entre las personas exitosas y las no exitosas no es si tienen reveses o no, ni siquiera la frecuencia de sus reveses, sino cómo responden a ellos. Las personas exitosas se ríen de los reveses y siguen hacia delante.

Tener un mal día no significa que deba tener una mala vida. Habrá días en que su programa no sea tan emocionante como le parecía al principio y días en los que sentirá que no sirve para nada. No importa. No sea duro con usted mismo en esos días. Siga alimentándose y siendo comprensivo, como haría con alguien a quien usted ame. Recuérdese que diez días hacia delante y uno hacia atrás seguirá llevándole hacia donde usted va.

Piense en escribir sus victorias cuando se produzcan. Haga un diario de su viaje hacia una buena salud, por dentro y por fuera, y escriba todas las pequeñas victorias. Cuando un día esté desanimado o sienta que lo ha hecho todo mal, lea su diario. Se sorprenderá de lo lejos que ha llegado.

3. Haga que sea conveniente

Si usted es una persona ocupada, tendrá que encontrar formas de incorporar las 12 claves a su horario. Hacer ejercicio lleva tiempo. Preparar o encontrar comidas saludables lleva tiempo. Leer las etiquetas lleva tiempo. Orar lleva tiempo. Incluso reducir el estrés puede llevar tiempo. Afortunadamente, hay maneras de hacer que todas estas cosas le resulten convenientes.

Por ejemplo, no piense que para comer saludable nunca podrá volver a comer comida rápida o que solo debe comer en restaurantes vegetarianos. Las grandes cadenas de comida rápida se han visto presionadas a ofrecer alimentos saludables, y algunas lo han hecho bastante bien. También, recuerde que el ejercicio es conveniente cuando no le supone conducir hasta algún sitio, utilizar un equipamiento especial o cargar su día de cualquier otra forma. Escoja un programa de ejercicio que pueda hacer. No haga de ello algo caro que le lleve dos horas al día. Además, escoja un estilo de peinado y ropa que le haga sentir bien con usted mismo y que a la vez requiera poco mantenimiento. Puede verse muy bien y a la vez estar cómodo. Como sugerencia final, escoja dónde vivir basado en lo que haga que sus metas para un estilo de vida saludable sean convenientes, y no en un vecindario prestigioso o que tenga un valor de reventa muy alto. ¿Puede caminar enfrente de su casa? ¿Su iglesia, escuela y trabajo conlleva conducir poco y con poco estrés, o es un viaje al trabajo de una hora que resulta agotador? ¡Haga lo que sea sencillo y disfrutará más de su vida!

4. Haga que sea divertido

Usted solo seguirá haciendo las cosas si las disfruta. Dios quiere que disfrutemos de la vida al máximo. Encuentre un ejercicio que le *guste*. Encuentre verduras que le *gusten*. No se fuerce a comer frijoles lima si no soporta su sabor; solo conseguirá que produzca un efecto no deseado. El ejercicio se puede disfrutar si se enfoca en el beneficio a largo plazo en vez del desafío inmediato. Obviamente, solo consigue los beneficios espirituales y de salud de la iglesia si disfruta yendo. Visite varias hasta que encuentre una que encaje con sus creencias y estilo de adoración, y encontrará que ser parte de una iglesia puede ser realmente divertido.

Merece la pena pensar bien en este punto. Retenga el concepto de la diversión en su mente

todo el tiempo que se esfuerce por tener un estilo
de vida saludable, porque no está consiguiendo
estar saludable para estar todo el tiempo deprimido. No estoy sugiriendo que nunca se enfrentará a un reto o que encontrará la necesidad de
disciplinarse para conseguir sus metas, sino que
podemos hacer lo que hacemos lo más agradable
posible. La meta es desarrollar una vida de gozo
espiritual y emocional, y eso debería ser parte del
premio durante todo el camino.

5. Recompénsese

No subestime el poder de las pequeñas recompensas. Concederse algo que disfruta después
de alcanzar su primera meta a corto plazo podría darle algo que usted quisiera ansiar. No hay
nada malo en hacerse sentir bien a usted mismo.
Como dice el refrán: "La zanahoria funciona
mucho mejor que la vara". Motívese con algo que
realmente disfrute cuando haya logrado cierto
objetivo.

Cuando se ponga objetivos a corto y largo
plazo, vaya a por ellos y anote algunas recompensas razonables con cada uno. Asegúrese de
que las recompensas sean apropiadas, grandes
recompensas por cumplir sus principales objetivos y pequeñas cosas por sus logros diarios o
refuerzos positivos. Tan solo saber que está al-
canzando bien sus objetivos puede ser motivación

suficiente para usted, pero si no, use algo que le seduzca.

La celebración también puede jugar un papel importante de alcanzar sus metas. Las celebraciones dan estructura a su viaje y le permiten meditar en lo que ha logrado.

Actúe

¿Cuál de las siguientes cinco acciones en esta clave adoptará para poder hacer más fácil su viaje hacia una salud mejor y una mejor vida? Escríbalo debajo, comprométase a hacerlo y comience hoy.

_____

_____

_____

_____

_____

_____

_____

_____

_____

_____

CLAVE
12

Asuma la responsabilidad

Uno de los mayores problemas de nuestra sociedad actual es que muchas personas no quieren asumir la responsabilidad de su vida. Quieren soluciones rápidas. De muchas formas, nuestra cultura ha formado a las personas para creer que si tienen problemas, alguien más es responsable. Sus padres son responsables. Su cónyuge es el responsable. Su escuela o jefe es el responsable. La empresa que hizo los cigarrillos, o los vehículos, o la comida basura es la responsable.

Creo que esta mentalidad pasiva es peligrosa. Quizá los padres de alguien le alimentaron con mucha comida basura cuando era pequeño o nunca le animaron a hacer ejercicio. Quizá una persona tenga una predisposición genética para almacenar grasa más que la persona promedio. Quizá algunas personas tienen trabajos de sesenta horas semanales con largas distancias hasta llegar a su puesto de trabajo que les dejan poco tiempo para preparar comidas hechas en casa. Si algunas de estas cosas le suceden a usted, la clave para la victoria es sacar todo lo mejor que pueda de ellas.

No estoy diciendo que usted sea el único responsable del estado actual de su vida. A las personas nos ocurren muchas cosas que están fuera de nuestro control. A veces recibimos una formación muy mala en la infancia. A veces hay malas personas en nuestras vidas y nos hacen daño. Las circunstancias en que usted se ve envuelto pueden o no pueden ser culpa suya. Pero si toma esas cosas subyacentes y no intenta sacar lo mejor de ellas o se levanta por encima de ellas, eso sí es culpa suya. Usted *no* tiene que permanecer en una mala situación. Puede tomar una decisión, y esa decisión es de usted al 100 por ciento.

Sin importar cómo llegara a esa situación en que se encuentra hoy, no permita que se convierta en una excusa para permanecer en ella. Yo tuve muchas excusas y razones para mi mala salud, mala actitud y vida desequilibrada. Mientras ponía excusas, no podía progresar. Si quiere progresar y sobrepasar su actual realidad, crea que puede hacerlo y comience a pasar a la acción.

Aceptar la responsabilidad de donde estamos es una obligación para progresar. Culpar a otros nos mantiene atrapados. Quizá nos quite la culpa a corto plazo, pero a largo plazo tan solo prolonga nuestra miseria. Decida hoy que asumirá la responsabilidad de su vida y de las decisiones que toma a partir de ahora. Esa es la mejor forma de conseguir los cambios necesarios y las mejoras que necesita en su vida.

El poder del libre albedrío

La vida sería mucho más fácil si Dios no nos hubiera dado el libre albedrío. Podríamos vivir nuestros días como robots, comiendo la fruta que llegase a nuestras manos y esperando la siguiente cosa que nos sucediera. Pero Dios nos da libre albedrío, lo cual nos ofrece tanto una tremenda responsabilidad como la posibilidad de un gozo y realización total.

Dios le dará todas las herramientas que necesite aquí en la tierra para alcanzar su terminación espiritual. Pero depende de usted tomar esas herramientas y ponerlas a trabajar para restaurar su salud y renovar su templo (su cuerpo) para Él. Él puede ponérselo lo más fácil posible, y al escribir este libro he intentado ayudarle dándole alguna información útil, guía y consejos, pero Él no puede hacer el trabajo por usted. El trabajo es una parte esencial de la realización, una parte necesaria del proceso de liberar su alma de la esclavitud. Cuando está en las profundidades de la autocompasión, el libre albedrío puede parecer terrible, como una presión y responsabilidad que no quiere. Pero cuando se compromete a mantener su cuerpo y su alma como debiera, para ser una persona de excelencia y poder, descubre que el libre albedrío es su posesión más valiosa.

Por eso es tan importante asumir la responsabilidad de su vida y evitar la autocompasión a cualquier costo. La autocompasión es una emoción que se alimenta de sí misma y le roba su poder. Usted necesita poder para convertirse en la persona que puede llegar a ser, y no puede ser mísero y potente a la vez. Yo tuve un serio problema con la autocompasión en mis primeros años, y no comencé a progresar hasta que dejé de sentir lástima de mí misma.

Nos sentimos mejor con nosotros mismos cuando abordamos la vida con valentía, listos para rendir cuentas y ser responsables. No tiene que esconderse de nada. Puede hacer lo que tenga que hacer en la vida. Puede tener un aspecto saludable y atractivo. Puede sentirse genial por dentro y por fuera. Puede vivir una vida que le mantenga en forma y feliz aún en la vejez. Depende de usted. Con Dios, usted está listo para cualquier cosa. Afronte su vida de frente, ¡y nunca vuelva atrás!

Una forma de asumir la responsabilidad de su vida

Hasta ahora le he sugerido cinco opciones para implementar cada una de las doce claves para una buena salud y un disfrute pleno de su vida. En este capítulo no voy a ofrecerle cinco formas. Cuando se trata de asumir la responsabilidad de su propia vida, solo hay una manera de hacerlo. Ha llegado el momento de ser totalmente honesto con usted mismo y con Dios. O lo hace o no lo hace. Usando todo lo que ha aprendido en este libro, puede romper fácilmente sus viejos hábitos y comenzar el proceso de transformar su vida. Tome la decisión de hacerlo. Cuando tenga un momento de privacidad, respire hondo, aclare su mente y repita esta frase:

"Soy responsable de mi propia vida. Nadie puede encargarse de ello, salvo yo. Si estoy infeliz o poco saludable, sé que puedo cambiarlo. Tengo toda la ayuda y el conocimiento que necesito, y con la ayuda de Dios hoy comienzo a convertirme en esa persona de excelencia que siempre he sabido que puedo ser".

¡Enhorabuena! Gracias por emprender este viaje conmigo, y bendiciones sobre su vida por el emocionante y maravilloso futuro que está comenzando para usted.

Actúe

Decida asumir la responsabilidad de su vida y de su salud. Escriba su decisión debajo, *comprométase a hacerlo*, y comience hoy.

_____

_____

_____

_____

_____

SUS CLAVES PARA UNA BUENA SALUD

Use esta página como una ayuda para escribir su seguimiento y permanencia en las 12 conductas que ha escogido incorporar a su vida para una buena salud. En las líneas provistas debajo, escriba las conductas o prácticas a las que se comprometió al final de cada clave.

Clave 1—Consiga la ayuda de Dios:

_____

_____

_____

Clave 2—Aprenda a amar su cuerpo:

_____

_____

_____

Clave 3—Domine su metabolismo:

_____

_____

_____

Clave 4—Haga ejercicio:

_____

_____

_____

Clave 5—Coma equilibradamente:

_____

_____

_____

Clave 6—Ponga agua en su vida:

_____

_____

_____

Clave 7—Sea consciente de lo que come:

_____

_____

_____

Clave 8—Domine su hambre espiritual:

_____

_____

_____

Clave 9—Libérese del estrés:

_____

_____

_____

Clave 10—Viva con la visión correcta:

_____

_____

_____

Clave 11—Hágalo fácil:

_____

_____

_____

Clave 12—Asuma la responsabilidad:

_____

_____

_____

LISTA DE CONTROL DIARIA
PARA UNA BUENA SALUD

Puede invertir en una buena vida y una buena salud para su futuro dedicando un poco de tiempo cada día a su cuidado personal, sabiendo que tendrá que "gastar" todo ese tiempo, además del interés, durante los años de una vida larga y saludable. Use la lista de control siguiente para controlarse cada día. Puede fotocopiar esta lista o crear su propia lista.

Tareas diarias

Nutrición

_____ Beber de 6 a 10 vasos de agua

_____ Comer 5 piezas de fruta y verduras

_____ Comer 2 raciones de proteína sana (pescado, aves de corral, huevos, frijoles, etc.)

_____ Tomar algún multivitamínico o suplemento(s).

Higiene

_____ Cepillado

_____ Hilo dental

_____ Limpiar e hidratar la piel

_____ Hacer que el cabello y las uñas estén limpios y atractivos

Estilo de vida

_____ Ejercicio: (escriba la actividad y duración)

_____ Vestir de una forma en la que me sienta bien

_____ Llevar zapatos cómodos y que ayuden

_____ Dormir bien toda la noche

Espíritu

_____ Reducir o evitar el estrés (¿Cómo?)

_____ Renovar mi espíritu (¿Cómo?)

_____ Hacer algo por otra persona (¿Qué?)

_____ Pensar en mis objetivos a largo plazo

Recordatorios generales

- Proteger su espalda cuando cargue peso.

- Evitar una excesiva exposición al sol.

- No fumar.

- Proteger sus ojos no forzándolos por una luz inadecuada o usando las lentes incorrectas.

- Sonreír y reírse a menudo.

- No hacer nada en exceso.

- Someterse a chequeos físicos anuales.

- Lavar sus manos frecuentemente para evitar infecciones.

- Recibir limpiezas dentales cada seis meses.

- Orar por todo a lo largo del día.

- ¡Disfrutar de su vida!

ACERCA DE LA AUTORA

JOYCE MEYER es una de las principales maestras prácticas de la Biblia del mundo. Sus programas de radio y televisión, *Disfrutando la vida diaria*, se retransmiten en cientos de redes televisivas y estaciones de radio en todo el mundo.

Joyce ha escrito más de 100 libros inspiracionales. Entre sus éxitos de ventas están: *Dios no está enojado contigo; Cómo formar buenos hábitos y romper malos hábitos; Hazte un favor a ti mismo…perdona; Vive por encima de tus sentimientos; Pensamientos de poder; El campo de batalla de la mente; Mujer segura de sí misma; Luzca estupenda, siéntase fabulosa* y *Tienes que atreverte.*

Joyce viaja extensamente, realizando conferencias durante el año, hablando a miles de personas en todo el mundo.

JOYCE MEYER MINISTRIES

Joyce Meyer Ministries—E.E.U.U.
P.O. Box 655
Fenton, Missouri 63026
USA
Tel: (636) 349-0303
www.joycemeyer.org

Joyce Meyer Ministries—Canadá
P.O. Box 7700
Vancouver, BC V6B 4E2
Canadá
Tel: 1-800-868-1002

Joyce Meyer Ministries—Australia
Locked Bag 77
Mansfield Delivery Centre
Queensland 4122
Tel: (07)3349-1200

Joyce Meyer Ministries—Inglaterra
P.O. Box 1549
Windsor
SL4 1GT
Tel: +44(0)1753-831102

Joyce Meyer Ministries—Sudáfrica
P.O. Box 5
Cape Town 8000
South Africa
(27) 21-701-1056

Los mensajes de Joyce se pueden ver en una variedad de idiomas en: tv.joycemeyer.org.